销售心理学

宿春礼 / 编著

中国华侨出版社
北京

销售是一项艺术，推销员只有找到合适的方法，才能更省力地将钱从客户的碗里拉出来。

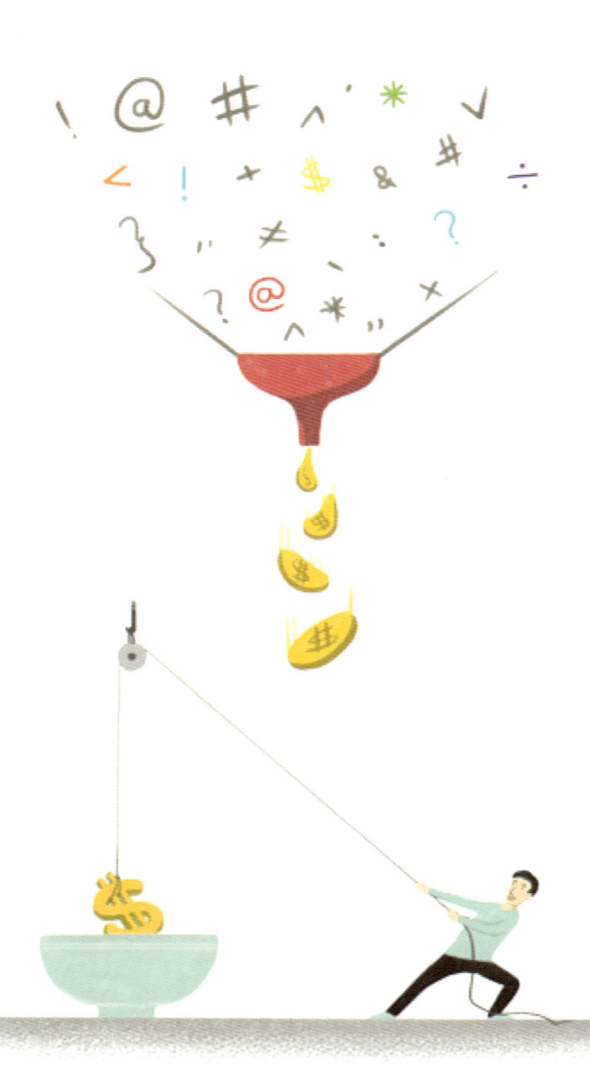

销售是各种策略的综合应用，而不是单纯的碰运气，只靠运气销售业绩就会像过山车般起伏不定，而运用得当的策略才会让销售业绩居高不下。

前言

不懂销售心理学就做不好销售。消费者做出购买决定的时候，他的内心一定是被某种动机支配着，这种动机就叫作购买动机。购买动机是顾客的购买意愿和冲动，是驱使或引导顾客向着已定的购买目标去实现或完成购买活动的一种内在动力。它是购买行为的直接出发点。消费者正是在购买动机的支配下才会做出购买的决定。研究顾客的购买动机对销售工作的重要性显而易见。

销售员不懂销售心理学，就犹如在茫茫的黑夜里行走，永远只能误打误撞。而优秀的销售员往往就像一位心理学家，最明白顾客的心声，善于了解顾客的真实想法，懂得运用最积极有效的心理影响力，让顾客觉得如果不从他这里购买产品就会后悔。不管是潜移默化的影响、善意的引导、平等的交谈，还是巧妙的敦促，优秀的销售员总是能用自己的能力和魅力，为顾客搭建一个愉悦和谐的平台，让销售变得顺其自然。

但是打开顾客的心门，不是仅靠几句简单的陈述就能够实现的。顾客的消费心理需要引导，因为顾客所做出的任何购买行为都是由他的心理来决定的，这就要求销售员懂得察言、观色。只要学会观察，学会换位思考，销售员就能轻易地洞察顾客的心理，赢得顾客的信任，达到销售的目的。

世界权威销售培训师博恩·崔西曾明确指出，销售的成功与销售员对人心的把握有着密不可分的联系。在销售的过程中，恰当的心理策略能够帮助销售员取得成功。销售的最高境界不是把产品"推"出去，而是把顾客"引"进来！所谓"引"进来，就是让顾客主动来购买。掌握了销售心理学，你就可以判断出顾客的性格类型、洞察顾客的心理需求、突破顾客的心理防线、解除顾客的心理包袱、赢得顾客的心理认同，使顾客快速做出购买决定。

每一位顾客都会有自己的心理突破点，销售员应该做的就是抓住他们的这些突破点。爱慕虚荣型的顾客需要你的赞美、节俭朴素型的顾客需要你给一点儿优惠、干练型的顾客怕啰唆、情感型的顾客需要你去感动他们……各种各样的顾客心理各不一样，你要做的就是针对不同类型的顾客采取不同的销售方法，从他们的心理突破点出发，你就能在销售中取得事半功倍的效果。

《销售心理学》从消费者的心理分析、如何抓住消费者的心理需求、销售中的心理策略、销售员的自我心理修炼等方面深入浅出地对销售心理学做了缜密的逻辑分析和介绍，并汇集了大量相关的销售实战案例，旨在通过这些案例来揭示现实销售活动中的心理规律，让你能够轻松掌握并应对顾客的心理变化，赢得顾客的心理认同，提升你的销售业绩，成为销售高手。

目录

第一篇
萝卜青菜，必有所爱
——成功销售从了解客户心理开始

第一章 客户永远是主角
——下足功夫，把握客户心理特征

2 // 了解顾客购买动机

6 // 识别顾客具体购买动机

9 // 消费者的十二种追求

12 // 影响购买行为的个人因素

15 // 具体购买行为的影响因素

16 // 认识客户购买商品的步骤

19 // 认清谁是客户以及客户的种类

第二章 要想钓到鱼，先了解鱼想吃什么
——掌握客户的消费心理

21 // 客户比你更好奇

24 // 公共权威引导消费

25 // 顾客很看重精神需要

28 // 渴求物美价廉的消费心理

30 // 满足顾客的心理期望

32 // 让顾客感觉物超所值

34 // 没有顾客会愿意舍近求远

第三章　一流的销售是对客户需求的再创造
　　　　　　——让客户埋单要懂购买心理

36 // 顾客有时需要引导

38 // 销售中不妨主动当学生

40 // 破解客户的深层心思才是最大的成功

43 // 客户需求就是你的卖点

45 // 让客户自己说服自己

49 // 用赞美创造认同

51 // 给顾客创造抢购的理由

53 // 免费最能契合顾客之心

55 // 别让顾客在情感上不能接受

58 // 顾客都愿意和诚实的人打交道

第二篇
以心理策略应对不同客户
　　——对客户心理特点进行销售

第一章　销售中的心理学
　　　　　　——根据不同的客户制定不同的销售策略

62 // 从客户的特点切入

64 // 按照顾客的性格进行沟通

67 // 学会与不同的人做生意

69 // 帮摇摆不定的客户决策

71 // 不给反复无常型客户退路

73 // 多肯定理性型客户的观点

75 // 让完美主义型客户更完美

77 // 缩小犹豫不决型客户的选择范围
79 // 让迟疑的客户产生紧迫感
81 // 充分尊重自我中心型客户
83 // 适当启发自尊心强的客户
85 // 迂回应对态度不好的顾客

第二章 他山之石，可以攻玉
——不可不知的心理学效应

88 // 亲密效应：爱让推销无往不胜
90 // 首因效应：建立有利的第一印象
92 // 诚实效应：诚信最具生产力
94 // 开场白效应：成功的自我介绍
96 // 存异效应：尊重客户的意见
98 // 权威效应：以精确数据说服客户
102 // 剧场效应：将消费者带入剧情之中
104 // 竞争效应：告诉他别人也买你的东西
106 // 光环效应：塑造自己的魅力
111 // 瞬间效应：个人品牌很重要
113 // 进门槛效应：先敲开客户的门

第三章 察言观色洞察人心
——读懂客户话语背后的心理潜台词

116 // 听出对方谈话的重点
118 // 莫被"考虑一下"所欺骗
120 // 正确理解客户的异议
123 // 听懂客户不满背后的潜台词
125 // 消除顾客对自己的"奸商"评价
127 // 用情感感化表情冷淡的顾客

130 // 洞穿客户的隐含期望

131 // 及时领会客户的每一句话

第三篇
销售是"心"与"心"的吸引
——营造吸引顾客的气场

第一章 敲开客户紧闭的心扉
——迅速拉近心理距离

136 // 打造无敌亲和力

138 // 认同心拉近与客户的距离

140 // 直击推销语言艺术

143 // 倾听让你更受欢迎

145 // 善于倾听客户的抱怨

147 // 推销中的幽默规则

148 // 与客户思维保持同步

第二章 让顾客主动靠近
——多赢的销售心理

151 // 学会制造悬念

154 // 告诉客户你将带给他的利益

156 // 向顾客卖自己的构想

159 // 在行家面前报价不可太高

161 // 等待客户决策时要有信心

163 // 应对抱怨时不要发怒

165 // 让客户充分感到受益

168 // 低三下四是下策

170 // 服务时为顾客量身定做

第三章 销售的实质
——掌控顾客心理

173 // 首先要赢得顾客的信任

175 // 取得客户信任的方法

178 // 事先调查，了解对方性格

179 // 积极回应客户的抱怨

182 // 善于抓住顾客心理

第四篇
成交高于一切
——成交前后，心理学护航

第一章 采用优势战术
——关键时刻这样消除心理壁垒

186 // 适时强化顾客的兴趣

188 // 找到促进成交的关键

191 // 用第三者搭建信任桥梁

193 // 让客户没机会说拒绝

196 // 不因拒绝而止步不前

197 // 了解并善用客户的喜好

198 // 关键时可允许先试后买

201 // 采用先价值后价格的技巧

第二章 拔掉钉子，临门一脚促成交
——排除异议，化解抱怨

205 // 以让利促进销售成交

207 // 演绎能力解除顾虑

209 // 找到客户异议的症结

212 // 迅速行动避免推脱

214 // 传达"一分价钱一分货"的价值理念

217 // 用小的认同促成交易

219 // 化解顾客心里的疙瘩

221 // 在顾客迷茫时进行安抚

224 // 善于捕捉客户的购买信号

226 // 准确把握住成交时机

第三章 成交之后还有生意
——培养长期忠诚度的心理满足感

228 // 别忘记打售后跟踪电话

230 // 经常与客户电话联系

233 // 竭力让顾客无后顾之忧

236 // 千万不能怠慢了老顾客

237 // 记录与客户的交流信息

239 // 用持续沟通实现二次销售

241 // 善于为再次拜访找理由

243 // 防止大客户流失的方法

245 // 学会恰当地收场与道别

第一篇

萝卜青菜,必有所爱

——成功销售从了解客户心理开始

第一章

客户永远是主角

——下足功夫，把握客户心理特征

了解顾客购买动机

> 销售心理学一点通：要想懂得顾客为什么会购买，就必须充分认识顾客的购买动机。

购买动机是顾客的购买意愿和冲动。这种购买意愿和冲动是十分复杂、捉摸不透的心理活动。因此，销售者必须善于识别顾客的购买动机，以把握机遇促成交易。

动机是代表无法直观的内在力量的一种构成。这里所说的内在力量，是指某一项迫切的需求、愿望、需要或感情。这种内在力量也就是人们通常所说的动力。这种动力激发和强迫主体获得某一行为反应，并规定该反应的具体方向。

购买动机是指为了满足顾客需求而驱使或引导顾客向着已定的购买目标去实现或完成购买活动的一种内在动力。它是购买行为的直接出发点。需求与欲望是购买动机形成的基础，而购买动机则是购买行为发生的驱动力。

虽然顾客的购买动机是复杂多变的,但是经过长期的调查分析和理论研究,人们总结出一些典型的购买动机模式。

1. 生理性购买动机

生理性购买动机是指消费者为维持和延续生命、改善生活的需要所产生的购买动机。根据需要发展的不同层次,生理性购买动机可以分为以下三种:

(1)生存性购买动机

为了维持和延续生命,人们必须满足自身生理机体的一系列需要。在现实中,消费者的某些购买活动,很大程度上是受生存购买动机的支配。特别是在收入水平较低的人群中,购买力一般都投向基本的生活资料,即首先满足生存的需要。如为了充饥,需要购买食品;为了御寒,需要购买服装;为了遮蔽风雨,需要住房;为了治病,需要购买药品。

(2)享受性购买动机

人们的基本生活需求得到满足后,就会进一步产生享受的需求。如饮食不仅为了充饥,还讲究营养和味道;服装不仅为了遮体,还要求合体与美观;房屋不仅为了栖身,还要求宽敞舒适。为了改善生活条件,人们购买了电视机、组合音响、空调等。为了减少家务劳动,增加闲暇时间,人们购买了洗衣机、电冰箱、微波炉、吸尘器等。

(3)发展性购买动机

指由于个体的发展需要而引起的购买动机。人的发展需要,分为体力发展需要和智力发展需要两方面。在体力发展方面,为增强体质的需要，消费者购买体育用品及健身器材等。在智力发展方面，为提高智力水平，消费者购买书籍、订阅报刊、学习技术、进修外语等。

2. 心理性购买动机

心理性购买动机是指因消费者的心理活动而引起的购买动机。由于消费者心理活动的复杂性和多样性，导致心理性购买动机的多样化和繁杂化。我们将购买动机大致概括为以下三类：

（1）感性购买动机。指消费者在购买活动中由于感情变化而引起的购买动机。根据消费者感情的表现和稳定程度，可把感性购买动机分为情感购买动机和情绪购买动机两个类型。

①情感购买动机。即由人的道德观、群体感、美感等人类高级情感而引起的购买动机。例如，人们出于爱国而购买国产货、认购国库券；为了加深友谊而购买节日礼品；为了爱美而购买化妆用品等。情感购买动机通常既受情绪的影响，也受理智的支配和控制，所以具有相对的稳定性和深刻性，往往可以从购买活动中反映消费者的精神面貌。

②情绪购买动机。即由人的喜、怒、哀、欲、爱、恶、惧等情绪而引起的购买动机。例如，某人为了娱乐而买球票、戏票；儿童为了满足一时的乐趣而购买玩具；家庭主妇为了庆祝节日而买酒、肉等。情绪购买动机一般具有冲动性、即景性和不稳定性的特点，在购买日常生活用品和文娱体育用品时表现较多。

（2）理性购买动机。它是建立在人们对商品客观认识的基础上，经过对商品的质量、价格、用途、式样等进行分析、比较以后而产生的购买动机。例如，个体消费者为了改善生活而购买电冰箱、电视机等高档生活用品；企业为了生产而购买设备，为了解决供电不足而购买发电机。在理性购买动机驱使下的购买活动，比较注意商品的质量。理性购买动机具有客观性、实用性、周密性和控制性的特点，因此，工厂在购买生产资料及个人在购买高档生活消费品时，其购买行为都是在消费者经过周密研究或深思熟虑之后，才做出购买决定的。而生活上或娱乐上的一般消费商品，因价格低、用量少，无论个人或家庭一般都不会经过反复研讨而决定购买，往往由感性购买动机去驱使消费者完成此类购买活动。

（3）习惯购买动机。它是基于感情上与理智上的经验，对特定的商品、商标、牌号和商店等产生特殊的信任和偏爱，使消费者重复地、习惯性地前往购买的一种购买动机。

形成这一动机的原因是多方面的，是由于商品的质量优良、形状美观、声誉好、有特色；或者商店服务周到、陈设美观、商品丰富、价格公平、秩序良好、地点方便等；也可能是品牌地位权威等，在消费者的经验中屡经考验，从而树立了良好的形象所致。这种动机因顾客长期惠顾某一种商品或某一店铺而自然形成习惯，虽然在动机形成过程中感情色彩比较浓厚，但都是建立在理智分析比较的基础上的。因此，这种动机的心理活动相对稳定，一般不太容易受别的购买行为影响而改变动机。而且，此类顾客不但自己经常光顾，对潜在的顾客有很大的宣传和影响作用，甚至在店铺的商品或服务出现某些差错时，也能给予充分的谅解。一个店铺能否在消费者中广泛激起习惯购买动机是店铺经营成败的关键，对此，店铺要高度重视。

3. 社会模式和个人模式

　　社会模式是指由社会因素引起的购买动机，主要受社会文化、社会风俗、社会阶层及参照群体等因素的影响，由社交、归属、成就、尊重等需要引起。

　　个人模式是指由个人因素引起消费者不同的个体化的购买动机，主要受性别、年龄、气质、兴趣、爱好、修养、文化、能力等因素的影响。

识别顾客具体购买动机

　　销售心理学一点通：顾客每一次具体的购买行为，背后都隐藏有具体的购买动机。

　　说到每一次具体、个别的购买行为，其背后的动机虽然多种多样，但经过大量的观察、分析和总结，依然可以找出消费者具体购买动机的主要类别。某个消费者到店铺购买一双皮鞋的动机，可能属于下面所列几种中的一种，也可能同时具有两种甚至两种以上的动机。

1. 求实购买动机

　　求实购买动机是指消费者以追求商品或服务的使用价值为主导倾向的购买动机。在这种动机支配下，消费者在选购商品时，特别重视商品的质量、功效，要求一分钱一分货。相对而言，对商品的象征意义，所显示的"个性"，商品的造型与款式等不是特别强调。比如，在选择布料的过程中，当几种布料价格接近时，消费者宁愿选择质地厚实的布料，而对色彩、是否流行等给予的关注相对较少。产生这种购买动机的原因主要是受到经济条件的限制和传统消费习惯和观念的影响。任何一位顾客都希望自己能买到最经济实惠的商品，这种求实心理是顾客普遍具有的消费心理。

2．求新购买动机

这是以追求商品的新颖、奇特、趋时为主要目标的购买动机。这种动机比较注重商品的外观造型、式样、装潢及时尚性。相对而言，产品的耐用性、价格等成为次要考虑的因素。只要商品具有吸引人、新奇或超前于社会流行而表现得与众不同等特点，都可以成为购买的对象。此类消费者多为青年人或收入较高者，易受广告宣传和外界刺激的影响，他们往往是新式商品和流行趋势的接受者和追求者。

3．求美购买动机

求美购买动机是以追求商品的欣赏价值和艺术价值为主要目的，注重产品的颜色、造型、款式和包装等外观因素，讲究产品的风格和个性化特征的美化、装饰作用及其所带来的美感享受。

求美购买动机的核心是讲求赏心悦目，注重商品的美化作用和美化效果，它在受教育程度较高的群体以及从事文化、教育等工作的人群中是比较常见的。据一项对近400名各类消费者的调查发现，在购买活动中首先考虑商品美观、漂亮和具有艺术性的人占被调查总人数的41.2%，居第一位。而在这中间，大学生和从事教育工作及文化艺术工作的人占80%以上。

4．求利购买动机

这种动机以追求价格低廉而获得较多的利益为主要目标。这类顾客对价格反应敏感，因此对特价品、折价品、处理品等比较感兴趣。而对产品的质量、花色、款式、品牌和包装等则不十分挑剔。具有这种购买动机的人往往以经济收入较低的人为多。一些较高收入者也会对"物美价廉"的商品感兴趣。

5. 求名购买动机

　　它是指顾客以追求名牌、高档商品，借以显示或提高自己身份和地位而形成的购买动机。名牌商品之所以受到顾客的青睐，是由于在人们的心目中，其产品特性享有很高的声誉。顾客出于对名牌的偏爱，就会产生"非买此品牌不可"的心理，即使价格高一些也不在乎。

　　当前，在一些高收入层、大学生中，求名购买动机比较明显。求名购买动机形成的原因实际上是相当复杂的。购买名牌商品，除了有显示身份、地位和表现自我等作用以外，还隐含着减少购买风险、简化决策程序和节省购买时间等多方面考虑因素。

6. 求速购买动机

　　求速购买动机是以追求购买商品交易活动迅速完成为主要目的，也叫求便动机。注重购买过程的时间和效率，讲求产品携带方便、易于使用、维修简单等特性，希望能快速、便捷地买到中意的产品。

7. 从众购买动机

　　个体的行为在群体压力下趋向于与其他多数成员的行为一致时的现象，就叫作从众。从众购买动机就是一种追求购物或劳务与众一致的购买动机。具有这类动机的顾客往往受到社会环境、流行风尚和他人的影响。有的表现为主动型的从众心理，其动机不加掩饰。有的表现为被动型的从众心理，即使不大喜欢的商品，但为了合群也情愿购买。

8. 好癖购买动机

　　它是指消费者以满足个人特殊兴趣、爱好为主导倾向的购买动机。其核心是为了满足某种嗜好、情趣。具有这种动机的消费者，大多出于生活习惯或个人癖好而购买某些类型的商品。比如,有些人喜爱养花、养鸟、摄影、集邮;有些人爱好收集古书、古画;还有人好喝酒、饮茶。在好癖购买动机支配下,消费者选择商品往往比较理智,比较挑剔,不轻易盲从。

9. 随机购买动机

这类购买动机往往带有很大的随意性,在购物时往往被商品外观和式样新奇所刺激,欠缺必要的考虑与比较。即使平时头脑冷静的人,也常会由于不了解商品的内在质量,产生这种动机。具有随机购买动机的人,一般事先没有明确的购物目标,常常在浏览商品时无意发现,以情感代替理智,凭兴趣而购买,极易受周围环境、气氛和人们言论的影响。如在出售出口转内销的商品时,在展销会或集市上销售新产品时,那些不经常出门、偶尔逛市场或生活经验不足的人,往往成为诱导对象。

以上是在顾客购买过程中比较常见的购买动机。上述购买动机绝不是彼此孤立的,而是相互交错、相互制约的。在有些情况下,一种动机居支配地位,其他动机起辅助作用;在另外一些情况下,可能是另外的动机起主导作用,或者是几种动机共同起作用。

消费者的十二种追求

销售心理学一点通:任何顾客的任何购买行为,都有着其明确的目的追求。

随着社会生产力水平和人们生活水平的不断提高,人们的消费心理和消费行为正在发生着巨大的变化。销售者要想长远地占领市场，必须研究和把握人们的消费观念。

1. 追求实用

满足某种消费需求，始终是人们购物的基本动机。因此，追求商品的实际使用价值，是人们购物的第一动机。实用中的实，首先是指所购之物好用、耐用，其次是指所购之物能为使用者带来更多的实际利益，比如方便、省力、省时等。

2. 追求美感

爱美是人的一种本能和普遍要求。顾客在选择商品时，特别注重商品本身的造型美、色彩美，注重商品对人体的美化作用，对环境的装饰作用，以达到艺术欣赏和精神享受的目的。

3. 追求新颖

追求商品的新颖，既要求商品具有新的更广泛、更高级的功能，能满足更高级的消费需求，又要求商品的外观造型、装潢包装具有新颖性。

4. 追求品牌

这是一种以显示自己的地位和威望为主要目的的购买心理。他们讲名牌，用名牌。他们认为，吃、穿、住全讲究名牌，这不仅提高了生活质量，更是一个人社会地位的体现。

5. 追求实惠

实惠始终是人们的购买准则之一。在质量优良的前提下，价格合理与低廉，往往是人们购买决策的重要依据和原则。这包括两种重要心理动机：一是追求价值的增值。二是求廉心理，即通过计划与精心安排，用有限数量的货币去办更多的事情、购买更多的物品。

6. 追求新奇

好奇是一种普遍的社会现象，没有有无之分，只有程度之别。一些人专门追求新奇，赶时髦，总是充当先锋消费者，至于是否经济实惠，一般不大考虑。

7. 满足自尊

有这种心理的顾客，在购物时既追求商品的使用价值，又要求店铺营业员能热情相待。他们在购买行动发生之前，就希望他的购买行为受到营业员的欢迎和热情友好的接待。

8. 特殊癖好

这是一种以满足个人特殊爱好和情趣为目的的购买心理。有偏好心理动机的人，喜欢购买某一类型的商品。这种偏好性往往同某种专业、知识、生活情趣等有关，因而偏好性购买心理动机往往比较理智，指向也较稳定，具有经常性和持续性的特点。

9. 自我炫耀

在这种顾客眼里，购物代表着个人的财力和欣赏水平。他们是消费者中的尖端消费群，购买倾向于高档化、名贵化、复古化。这部分消费者往往具有雄厚的消费实力。

10. 追求信用

这是以追求商品的生产厂家或经销商的信誉为主要目的的购买动机。一般说来，商业信誉高的企业，其产品买起来放心，特别是一些老牌子产品，人们对其信任感与忠诚感较高。这类企业及其产品，就比较容易成为顾客的购买决策目标。

另外，得到质量权威机构认可的标志产品、认证产品，得到著名人士推荐或出现在重大社交场合的产品，被质量评优机构评选上的产品，也比较容易取得顾客的认可和购买。

11. 随波逐流

作为社会的人，总是生活在一定的社会圈子中，有一种希望与他应归属的圈子同步的趋向，不愿突出，也不想落伍。受这种心理支配的消费者构成追随消费者群。这是一个相当大的顾客群。研究表明，当某种耐用消费品的家庭拥有率达到40%后，将会产生该消费品的消费热潮。

12. 相互攀比

攀比，社会学家称之为"比照集团行为"。有这种行为的人，照搬他希望跻身其中的那个社会集团的习惯和生活方式。只要别人拥有，不管自己是否需要，是否划算，也要购买。

影响购买行为的个人因素

> 销售心理学一点通：不同的人有着不同的消费心理，相应会做出不同的消费决策。

营销大师科特勒指出，世界各地的消费者在年龄、收入、教育水平、品位方面差异巨大，这些造成了消费者购买产品和服务的千差万别。消费者的购买决策受到若干个人因素的影响。这些个人因素包括学习、动机、生活方式、态度和感觉等。

1. 学习

人们从行动中学习，学习是指个人由于经验而改变其行为。学习理论家认为学习是经由驱动力、刺激、暗示、反应和强化之相互作用而产生。

譬如，张三有一种强烈的驱动力，所谓"驱动力"是指促使一个人采取行动之强大内在刺激，当此驱动力导致张三去追求某一可减弱驱动力的"刺激物"时，它就成为一种动机。

然而，张三对购买汽车这个想法的反应，也受其周围暗示的影响，"暗示"是较微弱的刺激，它决定消费者何时、何地及如何反应。看到汽车的电视广告和展示场中的汽车、听到汽车大减价的消息，以及朋友的鼓励，都是影响张三对购买汽车这个动机如何反应的暗示。

假如张三买了丰田汽车，而且事后证明是值得的，则他对丰田汽车的反应就获得了强化，以后再买丰田汽车或建议亲友买丰田汽车的可能性就愈大。

2. 动机

一个人在任何时刻都有许多需要，其中某些需要是生理的需要，这些是由于饥饿、口渴以及其他不适所引起的生理紧张状态；另外一些是心理的需要，这些是由于需要被肯定、受尊敬或归属感等所引起的心理紧张状态。当上述的需要达到某一足够的强度后，即可变成一种动机或驱动力。

动机是一种被刺激的需要，它足以促使一个人采取行动以满足其需要。需要满足之后，人的紧张状态即可解除。消费者的购买行为常受其动机所左右。张三为什么想买一部汽车？他想追求的是什么？他想满足何种需要？这些都是营销人员要设法去了解的。

3. 生活方式

生活方式包括使用时间和花费金钱的方式。一个人的生活通常通过他的活动、兴趣和意见来表达。即使人们来自相同的亚文化、社会阶层或职业群体,也可能有不同的生活方式。譬如,张三可以选择努力工作追求成就的生活方式,也可以选择游山玩水、悠闲自在的生活方式。假如他选择了悠闲自在的生活方式,他可能会腾出许多时间去观赏电影、逛街或到各地旅游观光。营销人员应设法了解消费者的生活方式。

4. 态度

通过态度研究,人们希望能够更好地预测消费者的行为,但这常常是徒劳的。首先,消费者所声称的意向常常靠不住。其次,从行为的倾向开始,有许多因素能够改变消费者,如一则广告传闻或与家人或朋友的一次谈论。这些难以预测的因素使得态度——哪怕它是有利于倾向指定产品的测量——仅仅是一个不完善的消费者行为预言家。

态度的测量常常过于忽略行为面。因为人们研究态度一般考虑的是态度的认识面(消费者对产品了解多少)和情感面(消费者对产品怎么想),而经常遗忘了测量意动面(消费者为了获得或避免该产品会打算怎么做)。

5. 感觉

感觉是指人利用眼、耳、鼻、舌、身等感觉器官,接受物体的色、香、味、形等刺激而引起的内在反应。感觉是消费者是否决定购买的第一要素。因此,企业应该把商品的外观、色泽等充分展示给消费者,加强其感觉,从而更好地刺激需求,以激发消费者的购买行为。

具体购买行为的影响因素

> 销售心理学一点通：任何购买行为绝不是偶然的，背后隐藏着丰富的支持或干扰因素。

顾客具体购买行为主要包括购买对象、购买理由、购买方式、购买地点、购买时间和购买频率等六种行为。由于每种购买行为的具体内容不同，影响因素也不同：

1. 购买对象

购买对象是指顾客在众多的商品之中选择所要购买的具体商品品种和数量。影响因素主要有：商品品牌、型号、款式、颜色、包装等产品自身因素；市场行情、价格、售前服务、售后服务等营销因素。

2. 购买理由

购买理由是指顾客为什么要购买这种商品？引发购买决策的需要和动机是什么？影响因素包括：个人或家庭的生活、学习、工作、兴趣、爱好等各种内在需要；收入增加、商品价格变化、群体压力、上门推销、广告刺激等外在因素。

3. 购买方式

购买方式是指顾客在购买商品时是自己购买或托人购买？商店购买或邮购、电话订购或送货上门？现金购买或使用信用卡？一次性付款或分期付款？影响因素主要有：个人购买习惯、销售商提供的购买方式的可选择性、方便程度、可靠程度、所耗时间长短等。

4. 购买地点

购买地点是指顾客到哪里购买自己所要买的商品？惠顾什么样规模、性质和特点的店铺？影响因素主要有：居住地点区域、交通状况、商业网点的分布、店铺的信誉、服务质量、服务方式、购物环境等。

5. 购买时间

购买时间是指顾客具体的购买时间选择，白天或晚上？平时或周末？节假日？季节转换前后？换季大减价期间？影响因素包括：生活习惯；购物习惯；上下班及休息时间安排；商品本身的季节性和时令性等。

6. 购买频率

购买频率是指顾客多长时间购买一次？每次购买多少？影响因素包括：商品的寿命、使用周期；消费强度和频率；家庭结构；收入水平；商品更新换代速度等。

认识客户购买商品的步骤

> 销售心理学一点通：只有认识到购买行为的程序性，才能更好地抓住顾客。

了解客户购买商品的步骤，就如同看见客户的脉络一样，有利于我们把握主导权。客户购买某种商品大致要经过以下几个步骤：

1. 寻找与自己需求相同或相似的商品

不论是销售人员登门拜访，还是客户主动光顾，客户都要首先分析自己的需求，比如，是否需求某种产品或服务，需要哪种类型的产品或服务等。在分析需求的过程中,客户首先会根据自己以及周围事物的各种情况形成某种需求判断,这些判断有时会促使客户采取进一步行动,有时会让客户做出拖延行动的决定。此时销售人员应根据平时积累的经验主动引导客户说出自己的需求。

2. 购买目标明确化阶段

虽然客户在采取进一步行动之前已经对自身需求进行了一番分析,但是大多数时候,客户仍然不能确定自己要购买的明确目标。此时,客户会根据各种相关信息和自身需求在一定范围内寻找购买目标。比如,一些消费者喜欢根据各种信息选择自认为合适的购买场所,在具体的购买场所当中会留意那些可能符合自身需求的商品。

比如有一位女士来到某电子城的手机销售区,想购买一款带摄像功能的手机,但商品琳琅满目,一时挑花了眼。这时诺基亚专柜的销售人员主动与其交谈了起来。

3. 熟悉准备购买的商品阶段

几乎没有什么客户会在对商品完全不了解的情况下就决定购买。在决定购买之前他通常想了解这种商品的名称、规格、甚至生产商的信息。

4. 认识商品用途的阶段

在对准备购买的商品有了一定的基本了解后,客户通常愿意听到进一步的信息,比如关于此商品的功用,也就是它的到来能为客户带来什么益处。

一位真空吸尘器的销售人员对一位家庭主妇说:"您可以想一想,从现在起,您就再也不用为了繁重的家务劳动而发愁了,您可以从满身的灰尘和疲劳的家务劳动中解放出来。这样,您就可以拥有更充分的时间关心丈夫和教育孩子，比如您可以有更多的时间陪丈夫和孩子出外散步，或者看书、休闲，或者出外学习茶艺和插花等。可以想象，您的生活将会因为一台小小的吸尘器而变得多么丰富多彩呀！"

5. 和其他同类商品比较阶段

销售人员对商品优势的介绍可能会在客户心里形成一种积极肯定的判断，不过客户还可能通过其他途径产生同样积极肯定的判断，比如从你的竞争对手那里。这时，客户就需要全方位地对同类商品进行比较和权衡，客户比较和权衡的依据主要有商品的质量、价格、功能、经济承受能力、品牌、流行趋势等。通过全方位的深入比较和分析，客户会选择出自己认为各方面条件比较优秀而价格又合理的商品。

在这一关键环节，销售人员需要尽力说服客户，让他明白你的商品是最适合他的。

6. 准备购买阶段

眼看着客户就要掏钱了，此时最不可掉以轻心。稍微在言行举止上有什么不妥的地方就有可能导致前功尽弃。

7. 购买之后的使用阶段

签单、交钱等环节并不是销售的终结，此后客户还会有许多问题希望得到我们的帮助。售后的服务、跟踪很重要，这样能及时掌握第一手商品使用情况，有助于维护客户忠诚度。

客户购买商品的决策过程大抵都要经历以上7个步骤，尽管顺序可能会有变动，但总体上是遵循此发展脉络的。我们首先需要从理论上把握客户的这些购买心理。

认清谁是客户以及客户的种类

销售心理学一点通：认清谁是客户以及客户的种类，才能卓有成效地进行营销。

客户是分不同等级、种类的，我们必须要懂得为他们划分级别，这样才好区别对待。对客户的概念含含糊糊，就如不知将东西卖给谁一样，势必导致客户管理工作的失败。

青山农场是一家位于纽约市的家族式管理的大企业，公司把顾客分为四类：钻石类，即消费量最大的顾客；接下来是红宝石类、珍珠类和猫眼类。公司通过发行一种会员卡从各个连锁店收集这些消费数据，然后进行分析。

公司发现，有些顾客可以持续地每两个月光顾一次，也有一些顾客隔三岔五就来买东西。此外，试图去改变价格本位的顾客简直是吃力不讨好的，而想让低消费者增加消费额，这也不大可能。鉴于此，公司把大量的人力物力投入到大主顾身上。

在营销学中，客户、公司内部上流程与下流程的工作人员都被称为客户。以下要点可以帮助你更好地理解客户的内涵。

客户不一定是产品或服务的最终接受者。处于供应链下游的企业是上游企业的客户，他们可能是批发商、零售商或物流商，而最终的接受者是消费产品和服务的人或机构。

客户不一定是用户。处于供应链下游的批发商、零售商是生产商的客户,只有当他们消费这些产品和服务时,他们才是用户。

客户不一定在公司之外,内部客户日益引起重视,它使企业的服务无缝连接起来。因为人们习惯为企业之外的客户服务,而把企业内的上、下流程工作人员和供应链中的上、下游企业看作是同事或合作伙伴,因而淡化了服务意识,造成服务的内外脱节和不能落实。

下面介绍几种常见的客户分类:

1. 从营销的角度分

（1）经济型客户:这类客户最关心产品的价格。

（2）道德型客户:此类客户欣赏社会责任感强的企业,比如经常为抢险救灾或慈善工程等捐款的企业。

（3）个性化客户:此类客户需要更多的沟通、交流以获得认可。

（4）方便型客户:此类客户会更关心他的购买与维修和售后服务等是否便利。

2. 按客户的性质分

（1）政府机构及非私营机构

（2）特殊公司

（3）普通公司

（4）交易伙伴及客户个人

3. 从管理的角度分

（1）关键客户

（2）潜力客户

（3）常规客户

各个企业可根据自身的特点,将自己的客户分类、归档,使其易于管理。

第二章

要想钓到鱼，先了解鱼想吃什么

——掌握客户的消费心理

客户比你更好奇

销售心理学一点通：客户的好奇是客户的突破点，更是你开展营销的突破口。

好奇是人类一种非常普遍的心理，当你能够准确地把握并利用这一心理的时候，你往往能够轻而易举地征服客户。下面这个案例就是一个利用客户的好奇心理成功签单的典型。

郑浩是一位从事人寿保险推销的业务员，一次，他拜访了一位完全有能力投保的客户，客户虽然明确地表示自己很关心家人的幸福，但当推销员试图促成投保时，客户提出了不少异议，并且进行了一些琐碎的毫无意义的反驳。很显然，如果不出奇招儿，这次推销很难成功。

郑浩沉思了片刻。然后，他凝视着客户，高声地说："先生，我真不明白您还犹豫什么呢？您已经对我说了您的要求，而且您也有足够的能力支付保险费，您也爱您的家人！不过，我好像向您提出了一个不合适的保险方式，也许我不应该让您签订这一种方式的保险合同，而应该签订'29天保险合同'。"

郑浩稍作停顿，又说道："关于'29天保险合同'我想说明一下：第一，这个合同的金额同你所提出的金额是相同的；第二，期满退保金也是完全相同的；第三，'29天保险合同'兼备两个特殊条件，那就是设想您万一失去支付能力而无力交纳保险费，或者因为事故而造成死亡时，另外约定'免交保险费'和'发生灾害时增额保金'的条件。这种29天保险的保险费，只不过是正常规模保险合同保险费的50%，单从这方面来说，它似乎更符合您的要求。"

客户吃惊地瞪大了眼睛，然后疑惑地问道："这29天保险是什么意思呀？"

"先生，29天保险就是您每月受到保障的日子是29天。比如这个月，有30天，您可以得到29天的保险，只有一天除外。这一天可以任由您选择，您大概会选择星期六或星期天吧？"

郑浩停了片刻，然后接着往下说道："这可不太好吧？恐怕您这两天要待在家里，可是据确切统计来说，家这个地方也是最容易发生危险的地方"。

郑浩故意停下来不讲了，他看着那位客户，像是在等着什么，过了一会儿，他才又开口了："从公平的角度来看，先生，即使您让我马上从您家里出去，那也是情理之中的事情。我说了不应该说的事情，我显然忽略了您的家人未来的幸福，而您却是对家庭责任感非常强的一个人。我在说明这种'29天保险'时说，您每月有1天

或2天没有保险，恐怕您会这样想：'如果我猝然死去或被人杀害时将会怎么办？'

"先生，关于这一点请您尽管放心。保险行业内虽然保险方式各种各样，但对于这种'29天保险'，就目前来讲，我们公司尚未认可。我只不过冒昧地说说而已。之所以我会在这里对您说这些，是因为我想假如我是您的话，也一定会想，无论如何也不能让自己的家人处于不安定状态之中，哪怕只有一天时间。在您内心大概就是这样的感受吧，先生？

"我确信，像您这样的人从一开始就知道我向您推荐的那份儿保险的价值。它规定，客户在一周7天内1天不缺。在一天24小时内1小时也不落下，无论何时何地，也无论您在干什么，都能对您的安全给予保障，能使您的家人受到这样的保障，难道不正是您所希望的吗？"

这位客户完完全全地被说服了，心悦诚服地投了费用最高的那种保险。

从这个案例可以看出，郑浩正是通过"29天保险"这个让客户感觉新奇的事物，激起了客户的好奇心，客户由于想了解谜底而使推销员有了继续往下说的机会。如果没有这个"29天保险"铺垫，那么推销就难以成功了。在接下来的对话中，郑浩充分发挥了自己出色的口才，把客户的思维始终控制在感性上，最终让客户心甘情愿地购买了那份儿保险。

好奇心能够促使顾客做出具体的购买行为，满足自身的好奇，也是顾客重要的需求之一。因此重视和利用客户的好奇心理，可以促成业务的成交。这种经验值得每一个销售人员学习。

公共权威引导消费

销售心理学一点通：在权威面前，客户会失去理性思考，而陷入对权威的信服。

公共权威在如今的市场经济中被成功地运用于各个领域，比如说广告。推销同样也可以利用有影响力的人增加推销本身的吸引力和可信度。这是成功实现推销的一条捷径。

史蒂尔是一位经验丰富的推销员，每次成交后，他都让顾客签上自己的名字，特别是一些比较有身份、地位的顾客，当他去拜访下一位顾客时，总是先把名单放在桌上。

"我们很为我们的顾客骄傲，您是知道的，"他说，"您知道高级法院的理查德法官吗？"

"哦，知道！"

"这上面有他的名字，您更应该知道我们的布莱恩市长吧！"

史蒂尔兴致勃勃地谈论着这些名字，然后说："这是那些受益于我们产品的人。他们喜欢……"他又读了更多有威望的人名："您知道这些人的能力和判断力，我希望能把您的名字同理查德法官及布莱恩市长列在一起。"

"是吗？"顾客很高兴，"我很荣幸。"

接下来，史蒂尔开始介绍他的产品，最后成交了。

史蒂尔凭借着这些顾客名单，取得了很好的销售业绩。

在这个案例中，我们看到史蒂尔就是善用这一推销技巧的高手。他在向顾客推销产品时，要求顾客，特别是有身份、地位的顾客签上自己的名字，这为他以后的推销奠定了基础。

当向其他顾客推销产品时，他就把有顾客亲笔签名的单子给顾客看，并且说："我希望能把您的名字同理查德法官及布莱恩市长列在一起。"这是典型的利用权威的策略，使客户失去理性思考，陷入对权威的信服中。

其实，顾客并不是相信理查德法官和布莱恩市长本人，而是相信了他们的头衔——外界授予的头衔，继而相信了他们的鉴别能力，而丧失了自己原有的鉴别能力，认为连这些名人都用他们公司的产品，那就肯定错不了，最终高高兴兴地签上自己的名字，购买了史蒂尔的产品。史蒂尔的公共权威策略取得了显著效果，从事销售行业的推销员不妨借鉴一下。

顾客很看重精神需要

销售心理学一点通：消费者并不是仅限于对产品本身的满足，还有消费之后所带来的精神愉悦和心理的满足感。

根据马斯洛的需要层次理论，消费者的需要从生理需要向精神需要发展。对于越高层次需要的满足，消费者越愿意支付较高的费用。为此，企业必须采取相应的市场营销策略：通过市场自我细分、产品象征定位、产品设计与劝说性广告赋予相同成本产品更多的附加值，从而为企业带来更多的经济效益。

星巴克的扩张速度让《财富》《福布斯》等顶级刊物津津乐道，仅仅20余年时间，就从小作坊变成在37个国家有11000多家连锁店的企业。

星巴克创始人舒尔茨认为星巴克的产品除了咖啡，还有咖啡店的体验。于是，他在美国推行了一种全新的"咖啡生活"："顾客心中第一个是家，第二个是办公室，而星巴克则介于两者之间。在这里待着，让人感到舒适、安全和家的温馨。"

"舒适、安全和家的温馨"满足的就是顾客的精神需求。星巴克的每个小店都有诱人、浓郁的环境：时尚且雅致，豪华而亲切。进入星巴克，你会感受到空中回旋的音乐在激荡你的心魄。店内经常播放一些爵士乐、美国乡村音乐以及钢琴独奏等。这些正好迎合了那些时尚、新潮、追求前卫的白领阶层。他们天天承受着巨大的生存压力，十分需要精神安慰，这样的音乐正好起到了这种作用。

无论是煮咖啡时的嗞嗞声，将咖啡粉末从过滤器敲击下来时发出的啪啪声，用金属勺子铲出咖啡豆时发出的沙沙声，都是顾客熟悉的、感到舒服的声音，都烘托出一种"星巴克格调"。听觉享受之外，还有嗅觉享受。人们每次光顾咖啡店都能得到精神上的放松或情感上的愉悦，有相当多的顾客一月之内十多次光顾咖啡店，这是星巴克具有吸引力的最好证明。

一个优秀的销售人员必须注重顾客的精神需求，从而提升产品或服务的价值。很多销售人员在向顾客推荐产品时，自以为只要有毅力坚持下去，就可以获得成交。然而，销售人员的毅力和坚持却常常引起顾客的不耐烦，甚至把对方吓跑。真正聪明的销售员，会在探清顾客的实际需求之后，再采取相应的策略进行销售。除了品牌、质量、价位等因素，现在的很多顾客也非常重视精神上的满足感。比如下文中的娅娅就是这样的典型顾客。

娅娅无意间看到了一则高级美容店的广告，被广告的内容吸引了，便按地址找到了那家美容店。没想到，那个美容店居然坐落于某商业区最贵的地段。娅娅进入门店之后，发现美容院的内部装修非常讲究品位，地上铺着柔软舒适的绒毯，所有的家具都是北欧制造的高级品。

看到眼前的这番情况，娅娅安下了心，在美容小姐的引导下，娅娅接受了美容护肤服务。虽然娅娅感觉这家店的美容效果和别的店并没有多大的差别，但是这家店向娅娅索要的费用要比一般的美容店高出一大截。虽然钱包大出血，但因为在高级美容店享受到了一流的美容服务，娅娅感到相当满足。仅仅因为这个理由，娅娅至今仍然时常光顾那家美容店。

很多客户进入美容院，真正期待美容师所带给他们的，并不单单是"容貌"的改善，还有消费之后所带来的精神愉悦和心理的满足感。随着经济的发展，人们已经开始意识到精神方面的需要，迫切希望能够在这方面有所补偿。针对客户的这种心理需求，我们销售员要采取各种"策略"来满足，以获得销售的成功及高利润、高提成。

渴求物美价廉的消费心理

> 销售心理学一点通：渴求物美价廉追求的是一种心理满足，每个人都具有这种倾向。

每到节假日或特殊的日子，商场、超市等各大卖场都会不约而同地打出打折促销的旗号，以吸引更多的客户前来消费，而折扣越低的店面前面，人也就越多。很多人明明知道这是商家的一种促销手段，但依然争先恐后雀跃前往，以求买到比平时便宜的商品，这是为什么？

渴求物美价廉是人们比较常见的一种心理倾向，在日常生活中，物美价廉永远是大多数客户追求的目标，很少能听到有人说"我就是喜欢花更多的钱买同样多的东西"，用少量的钱买更多更好的商品才是大多数人的消费态度。

我们不妨看一个案例：

一位顾客在逛超市时发现一个让他百思不得其解的现象，某知名品牌正在促销洗衣粉，然而一袋500克洗衣粉的价格是7.9元，而两袋的价格却是17元。也就说，顾客一次买两袋还没有买一袋划算。他以为自己看错了，就叫来销售人员询问，销售员明确无误地告诉他，这是不会出错的，全国都一样。

通过和其他品牌洗衣粉价格进行比较，这位顾客判定，一袋的价格是标错了，价格肯定是大于8.5元的，他立即决定买了一袋回家。他相信，用不了多久，单袋的价格就会调整。

回到家后他将自己在超市看到的奇怪现象告诉了左邻右舍，大家都纷纷前来超市观看，也一致认同这位顾客的判断：单袋的价格肯定会提高，要不那两袋捆绑在一起的怎么能是促销呢？他们在离开超市时都各自买了一袋洗衣粉回家，有的人甚至买了几袋。

过了一周，价格依然没被改正过来。最早发现这个现象的那位顾客开始怀疑自己当初的判断：作为全国知名品牌，肯定是有着严格的价格管理制度的，这么长时间过去了，还没调整过来，那只能说明自己的判断是有问题的，也许这个价格的背后隐藏有其他阴谋。

他花了一天的时间来观察这个洗衣粉的销售，前来购买的人络绎不绝，大家都认为这是标错的价格，现在购买一袋是占了便宜的。这下让他彻底明白：原来企业就是要让顾客产生占便宜心理，最终使销售量得到增长。看来真是买的没有卖的精明。

渴求物美价廉是顾客的习性——习惯性行为。人们总希望以最少的投入（包括时间、精力、金钱等）来获取最大的收益。

渴求物美价廉追求的是一种心理满足，而每个人都或多或少地具有这种倾向，唯一的区别就是占便宜心理的程度深浅。我们所说的爱占便宜的人，通常是指占便宜心理比较严重的那部分人。销售过程中，这类客户不在少数，他们最大的购买动机就是是否占到了便宜。

所以，面对这类客户，销售员可以利用这种渴求物美价廉的心理，通过一些方式让客户感觉自己占到了很大的便宜，从而心甘情愿地掏钱购买。

对于渴求物美价廉型的顾客，只有善加利用其心理，如使用价格的悬殊对比或者数量对比进行销售。利用价格的悬殊差距虽然能对销售结果起到很好的效果，但多少有一些欺骗客户的嫌疑，所以，在使用的过程中一定要牢记一点：销售的原则一定是能够帮助到客户，满足客户对产品的需求。做到既要满足客户的心理，又要确保客户得到实实在在的实惠，这样才能避免客户在知道真相后的气愤和反效果，保持和客户长久的合作关系，实现双赢结果。

满足顾客的心理期望

> 销售心理学一点通：顾客心理期望是生意的契机，只要能够满足顾客的心理期望，公司的发展就会有保障。

营销大师杜拉克（又译为"德鲁克"）曾在他极具影响力的著作《管理的实践》一书中，着重强调了"以顾客为导向"的营销理念。有数据表明，大约每四位顾客中就有一位对供应商不够满意，并且不确定今后是否要继续与之合作。因此，满足消费者的心理期望是企业在营销中的首要任务。

大名鼎鼎的宝洁公司，主要产品已经在中国市场占有最大份额，并颇受中国老百姓喜爱。宝洁公司成功的关键在于，产品能够以情入手，在消费者普遍开始关注健康生活的时候，它将健康的生活方式、全新的健康理念和可信的健康用品带到消费者身边。

宝洁公司推出的健康生活的理念深入人心，向人们发出了善意的问候："你洗头了吗？我们推出的洗发水是最适合您用的洗发水""你会洗头吗？我们告诉你正确的洗头方法""你洗得好吗？我们来指导你如何使用护发水""你有头屑吗？我们的洗发水能够帮你止头屑。"

在这一系列宣传主题的背后，体现的是宝洁公司对消费者心理期望的把握。可见，宝洁公司的成功不是偶然的，而是充分掌握了消费者的心理，满足了消费者的心理期望。

1992年的一项调查表明，80％的美国企业认为，顾客是其产品创意的最佳来源。这不难理解，因为只有满足顾客心理需要的产品才能卖出去。从顾客那里获取创意的最好方法就是进行市场调查或用户对现有产品的购买、使用的印象、意见等情况。

一位客户去买油漆，服务员向他推荐某著名品牌的油漆，并向他介绍其质量非常好，5年或10年都不会褪色。然而，这位客户是饭店老板，油漆5年不褪色对他来讲没有多大实用价值，因为饭店不可能5年才装修一次。

顾客的需求不同，心理期望值就会不一样。我们常常讲，顾客就是上帝。能否满足顾客的心理期望，在企业营销中是非常重要的。假如这位客户买油漆是家用的，服务员告知油漆价格偏贵，他可能不予接受，但如果重点向他推介油漆的品质保障，顾客可能就会很心动，因为对于买家用油漆的顾客来说，5年不褪色是条很诱人的价值信息。

无数成功的营销案例说明：把握顾客的心理期望，并依据其期望制定的营销策略才能在市场中立于不败之地。许多经营者虽也在口头上说"以消费者心理为中心",但长期的"思维定式"使其头脑中形成的还是以我为中心的经营观念,对消费者心理期望并不了解,所以导致市场越来越小,生意越来越难做。销售人员要切记的一点是:顾客心理期望是生意的契机,只要能够满足顾客的心理期望,公司的发展就会有保障。

让顾客感觉物超所值

> 销售心理学一点通:当顾客对某一产品感觉物超所值时,就会较为容易地做出购买决定。

市场竞争越来越激烈,消费者对商品越来越挑剔苛刻,往往货比三家、千挑百拣。商家若不下足力气,很难留住消费者的心。在消费者的购买行为中,促使消费者做出购买决定并不完全是因为产品本身的价值,消费者感觉价值的判定是消费者是否购买的重要依据。当顾客对某一产品感觉物超所值时,就会较为容易地做出购买决定。

某软件公司销售人员向北京一家贸易公司财务部部长推销一款财务软件。这款软件定价为3600元,部长觉得价格有点高,一直为是否购买而犹豫不决。

看到这种情况,销售人员决定为这位部长算一笔账。他问部长:"部长,对账费时间吗?不知道您这边是经常需要对账呢,还是偶尔才需要对一次账呢?"

部长表示,由于这家贸易公司是大型卖场和厂商的中间商,需要在财务上每天和卖场及厂商进行核账。一天起码有3个小时的时间是用在核账上面。部长对此很苦恼。

于是销售人员就趁机说："我们这款软件的授权使用时间是10年，平均下来每天的成本才一元钱。而这一元钱对公司来说，可以忽略不计，而对您的意义可就大为不同。它等于让您每天空出三个小时的时间。您觉得值不值？"

部长肯定觉得值，等到销售人员刚把话说完，他就立即决定购买一套。

让顾客感觉物超所值，牵涉到一个重要概念：顾客价值。顾客价值是从消费者的感官为出发点的概念，它是指顾客从购买的产品或服务中所获得的全部感知利益与为获得该产品或服务所付出的全部感知成本之间的对比。如果感知利益等于感知成本，则是"物有所值"；如果感知利益高于感知成本，则是"物超所值"；如果感知利益低于感知成本，则是"物有不值"。

从销售技巧上来看，销售人员最后使客户欣然接受了这款软件的价格，是因为巧妙运用了"除法原则"。销售人员将3600元的财务软件，最后分解为每天的成本才一元钱，使客户在心理上觉得价格足够便宜。但从消费者心理学上来看，销售人员的销售技巧使部长产生了一种物超所值的感觉。花一元钱就能换来三个小时的空闲时间，天底下哪还有这么超值的事？

营销大师科特勒教授曾经说："除了满足顾客以外，企业还要取悦他们。"随着营销服务的快速发展，以往的"顾客满意"已经不能得到消费者的青睐。在市场竞争越来越激烈的情况下，要想使产品畅销，使企业永远处于不败之地，应该更为关心顾客是否感动。

因为顾客是企业产品和服务的最终购买者，他们的感知对于企业来说就是一切。无论产品或服务实际情况如何，只要顾客感觉好就是好。所以，从顾客价值的角度出发，如果顾客感到一个企业的产品价值高，那么这个企业的产品就有竞争力。为了保持长久的市场竞争力，就要尊重和引导顾客的心理感受，让顾客觉得当前选择就是最划算的决定。

优秀的销售人员一定要在顾客价值上多做文章，通过抓住让消费者"心动"的关键点，使消费者在心理上产生物超所值的愉悦感和满足感，从而使企业获得销售机会。

没有顾客会愿意舍近求远

> 销售心理学一点通：价格便宜固然重要，但是方便顾客更为重要。

顾客在消费时有时会舍近求远，但这种消费一般都是很重要的消费，比如买高档时装、买车或珠宝。如果仅仅是购买日常生活用品，没有顾客愿意舍近求远。以7-11为例。

7-11店铺遍布多个国家和地区，全球店面数目逾三万家，是全球最大连锁店体系。但这家店铺一开始并不是一个百货店。它原本是一家专门销售冰块的公司，但是因为周围的居民对该公司要求越来越多，比如能否买到面包、酸奶、速食食品之类，公司觉得这也不错，干脆就顺着消费者的要求做了。结果一不小心就成了美国便利店的原创。

便利店能否生存的第一条件就是方便性，这是一个便利店充满生命力的原因所在。每日24小时通宵营业即为便利店的主打。

7-11能够成功的原因就在于它与众不同的营销概念。它用了反常规的经营手法。它没有像其他小店一样，从生产商的角度来组织店铺，而是以顾客为中心来开店和调整商品种类。我们看不到7-11有什么特别的地方，而且价格并不便宜，有的商品甚至比其他小店贵得多。但是因为它在为消费者提供便利这方面做得非常好，所以每日客源不断。

7-11在店址的选择上，最根本的出发点就是便捷，即在消费者日常生活行动范围内开设店铺。此外，7-11还尽量避免在道路狭窄处、小停车场、人口稀少处及建筑物狭长等地建店。

7-11推行的是24小时营业制度，因为根据店铺地点的不同，每家店铺的黄金营业时间也不同。比如靠近公司周边的7-11，每天早晨和中午是一天的黄金时段。期间会有大量的白领到7-11来买便当和饮料。靠近居民区的7-11，夜间往往是黄金时段，因为很多大城市加班的白领都是在回家途中的便利店购买食物。

7-11充分发挥了人无我有、人有我全的原则、一切以顾客的需求为中心，处处从消费者群体的购物习惯和消费嗜好出发。根据单身一族的生活习惯，7-11贴心地推出了饭团、各种便当、各种生活用品等适销对路商品，将便利店完全融入顾客的"生活情景"中，让货柜上的商品"自然地"向顾客招手。

从7-11这个成功的案例中我们可以发现，在小店的经营理念中，价格便宜固然重要，但是方便顾客更为重要。如何把顾客的需要自动送入他们的视线之中，为他们提供最大限度的便利，才是销售人员更需要重视的问题。

第三章
一流的销售是对客户需求的再创造
——让客户埋单要懂购买心理

顾客有时需要引导

> 销售心理学一点通：不穿鞋的人不是永远不会穿鞋，就看你能不能引导他们的需求。

在销售中，善于开拓市场的人往往是善于主动创造新的市场需求的人。如果墨守成规，不去主动创造新的市场需要，就很容易使自己陷入经营的窘境。因此，聪明的销售人员总是在保住现有市场的情况下不断深入思考，并采用有效的手段去开拓客户新的需要。

甲公司和乙公司都是生产鞋的，为了寻找更多的市场，两个公司都往世界各地派了很多营销人员。一天，两家公司听说在赤道附近有一个岛，岛上住着许多居民。为了在那里开拓市场，这两个公司都派推销员到岛上去了解情况。

两位推销员几乎同时登上海岛，他们发现了一个共同的事实：

这个海岛相当封闭，岛上的居民与大陆没有来往，他们祖祖辈辈以打鱼为生。他们还发现岛上的居民衣着简朴，几乎全是赤脚，只有那些在礁石上采拾海蛎子的人为了避免礁石硌脚，才可能会在脚上绑上海草。

甲公司的推销员看到这种状况，心里凉了半截，他想，这里的人没有穿鞋的习惯，怎么可能建立鞋市场？向不穿鞋的人销售鞋，不等于"瞎子点灯，白费蜡"？他二话没说，立即乘船离开了海岛，返回了公司。他在写给公司的报告上说："那里没有人穿鞋，根本不可能开拓鞋市场。"

与甲公司的推销员相反，乙公司的推销员看到这种状况心花怒放，他认为岛上居民不穿鞋子不等于永远不穿鞋，随着生活水平的提高、外来文化的影响，他们的生活习惯会逐渐改变的。于是他留在岛上，与岛上居民交上了朋友。

乙公司推销员在岛上住了很多天，他挨家挨户做宣传，告诉岛上居民穿鞋的好处，并亲自示范，努力改变岛上居民赤脚的习惯。同时，他还把带去的样品送给了部分居民，让他们亲自体验穿上鞋子后的舒适感，而且告诉他们走在路上再也不用担心扎脚了。这些第一次穿上了鞋的居民也向其他居民们宣传穿鞋的好处。

乙推销员还细心地发现，岛上居民由于长年不穿鞋的缘故，与大陆的人的脚形有一些区别，他还了解了他们生产和生活的特点，然后向公司写了一份详细的报告。公司根据这些报告，制作了一大批适合岛上居民穿的鞋，这些鞋很快便销售一空。不久，公司又制作了第二批、第三批。乙公司终于在岛上建立了鞋市场，狠狠赚了一笔。

案例中两个公司的推销员，他们何以得出截然不同的判断呢？其中很重要的一点就是思维方式的不同。甲公司推销员传统、保守、不善思考，不知道如何去创造客户的需求，他认为不穿鞋的人是永远不会穿鞋的。而乙公司推销员却善于深入思考，主动去创造需求。

乙公司推销员认为对于没有穿鞋习惯的人，可以通过适当的方法，去引导他们改变这一习惯，于是，他挨家挨户宣传，亲自示范，采用体验营销的方式，免费赠送样品给部分居民请他们试穿，还根据岛上居民脚形的特点为他们特制适合他们的鞋子，满足了客户的个性化需求，这一系列的举措使乙公司成功开拓了这个市场。

客户的需求有时需要被引导，尤其是市场上从未出现的产品，销售时销售员一定要根据产品的特性对客户进行说服。新产品被认可需要一个过程，只有加以引导，顾客的需求才能被调动起来或激发出来，销售工作才能得以完成。否则，顾客就很难会买账，销售工作就会失败。

销售中不妨主动当学生

销售心理学一点通：在销售中，当你还不了解客户的真正需求时，不妨主动当当学生。

林达是一名汽车推销员，近日来，他曾多次拜访一位负责公司采购的陈总，在向陈总介绍了公司的汽车性能及售后服务等优势以后，陈总虽表示认同，但一直没有明确地表态，林达也拿不准客户到底想要什么样的车。久攻不下，林达决定改变策略。

林达："陈总，我已经拜访您好多次了，可以说您已经非常了解本公司汽车的性能，也满意本公司的售后服务，而且汽车的价格也非常合理，我知道陈总是销售界的前辈，我在您面前销售东西实在压力很大。我今天来，不是向您销售汽车的，而是请陈总本着爱护晚辈的胸怀指点一下，我哪些地方做得不好，让我能在日后的工作中加以改善。"

陈总："你做得很不错，人也很勤快，对汽车的性能了解得也非常清楚，看你这么诚恳，我就给你透个底儿：这一次我们要替公司的10位经理换车，当然所换的车一定比他们现在的车子要更高级一些，以激励他们的士气，但价钱不能比现在的贵，否则短期内我宁可不换。"

林达："陈总，您不愧是一位好老板，购车也以激励士气为出发点，今天真是又学到了新的东西。陈总我给您推荐的车是由德国装配直接进口的，成本偏高，因此，价格不得不反映成本，但是我们公司月底将进口成本较低的同级车，如果陈总一次购买10部，我一定能说服公司尽可能地达到您的预算目标。"

陈总："喔！贵公司如果有这种车，倒正好替我解决了换车的难题了！"

月底，陈总与林达签署了购车合同。

在销售中，推销员只有掌握了客户的真正需求，才能成功签单。而怎样了解客户的需求，就是一门学问了。这个案例中的推销员林达运用了请教的策略，先赢得了客户的好感，结果就成功地掌握了客户的真正需求。

在案例中我们可以看到，林达之所以久攻不下，原因就在于他没有了解客户的真正需求是什么，当他自己意识到这个问题后，改变了一贯采用的策略，转而放低姿态，把客户称为"销售界的前辈"，说"在您面前销售东西实在压力很大"，继而向客户请教"我今天来，不是向您销售汽车的，而是请陈总本着爱护晚辈的胸怀指点一下，我哪些地方做得不好，让我能在日后的工作中加以改善"。

我们知道，请教是师生关系的体现，老师这个称呼表达了人们内心向往的荣誉感。如果有机会让与你谈话的人有老师的感觉，那么距离就近了很多。

回到这个案例中，我们会发现，当林达以请教的姿态要求陈总给予指点后，陈总的态度发生了很大改变，由此，林达才真正了解了客户想要什么样的车，于是根据客户的要求推荐本公司的车，客户也有了一个明朗的态度，并最终购买了林达公司的车。

可见，在销售中，当你还不了解客户的真正需求时，不妨主动当当学生。

主动当学生，让自己处于请教的位置上，就会赢得顾客的好感，从而在与客户的沟通过程中精准把握住客户的需求，为完成销售打下良好的基础。

破解客户的深层心思才是最大的成功

销售心理学一点通：只有深入思考、破解客户的深层心思才能把产品卖出去。

美国某钢铁公司总经理卡里，有一次请来美国著名的房地产经纪人约瑟夫·戴尔，对他说："约瑟夫，我们钢铁公司的房子是租别人的，我想还是自己有座房子才行。"此时，从卡里办公室的窗户望出去，只见江中船来船往，码头上工人们正在繁忙地工作，这是多么繁华热闹的景致呀！卡里接着又说："我想买的房子，也必须能看到这样的景色，或是能够眺望港湾的，请你去替我物色一所条件相当的吧。"

约瑟夫·戴尔费了好几个星期的时间来琢磨这所条件相当的房子。他又是画图纸，又是做预算，但事实上这些东西一点儿也派不上用场。因为"条件相当的"房子只有一所，那就是与卡里钢铁公司相邻的那幢楼房，卡里所喜爱眺望的景色，除了那所房子以外，再没有别的地方能与它更接近了。卡里似乎很想买那幢相邻的房子，并且据他说，有些职员也竭力想买那幢房子。

当卡里第二次请约瑟夫去商讨买房之事时，约瑟夫却劝他买下钢铁公司本来租着的那幢旧楼房，同时还指出，相邻那幢房子中所能眺望的景色，不久便会被一所计划中的新建筑所遮蔽，而这幢旧房子还可以保全多年对江面景色的眺望。

卡里立刻对此建议表示反对，并竭力加以辩解，表示他对这幢旧房子绝对没兴趣。但约瑟夫·戴尔并不申辩，他只是认真地倾听着，脑子飞快地在思考着：卡里的意思是想要怎样呢？卡里始终坚决地反对买那幢旧房子，这正如一个律师在论证自己的辩护，然而他对那所房子的木料、建筑结构所给予的批评以及他反对的理由，都是些琐碎的地方，显然可以看出，这并不是出于卡里本人的意见，而是出自那些主张买相邻那幢新房子的职员的意见。

约瑟夫听着听着，心里便明白了八九分，知道卡里说的并不是真心话，其实他心里真正想买的，却是他嘴上竭力反对的他们已经占据着的那幢旧房子。

由于约瑟夫一言不发地静静坐在那里听，没有反驳他，卡里也就停下来不讲了。于是，他们俩都沉寂地坐着，向窗外望去，看着卡里非常喜欢的景色。

约瑟夫开始运用他的策略："先生，您初来纽约的时候，您的办公室在哪里？"卡里沉默了一会儿说："什么意思？就在这所房子里。"约瑟夫等了一会儿，又问："钢铁公司在哪里成立的？"卡里又沉默了一会儿才答道："也是这里，就在我们此刻所坐的办公室里诞生的。"卡里说得很慢，约瑟夫也不再说什么。就这样过了5分钟，他们都默默地坐着，眺望着窗外。

终于，卡里意识到什么，激动地说："我的职员们差不多都主张搬出这幢房子，然而这是我们的发祥地啊。我们差不多可以说是在这里诞生、成长的，这里实在是我们应该永远长住下去的地方呀！"于是，在半小时之内，这笔交易就成交了。

推销员是人，客户也是人。与商店不同的是，访问推销能走进客户的生活，而商店不能。在机械化的推销过程中，推销员往往看不到隐藏在客户内心深处的真实想法，只有深入思考、破解客户的深层心思才能把产品卖出去。在这个案例中，房地产经纪人约瑟夫·戴尔就是因为破解了客户卡里的真实想法而成功签单。

首先，当约瑟夫劝说卡里买下其正在租用的旧房子时，卡里提出了很多反对意见，而约瑟夫只是在耐心地倾听，这是推销员出色的沟通能力的体现。在倾听过程中，约瑟夫收集到了重要的信息：在卡里的心中，潜伏着一种他自己并不十分清晰的、尚未察觉的情绪，一种矛盾的心理，即卡里一方面受其职员的影响，想搬出这幢老房子；另一方面，他又非常依恋这幢房子，仍旧想在这里住下去。这些信息经过约瑟夫的逻辑推理和分析判断，他最后得出了结论：卡里真正想买的正是"他嘴上竭力反对的他们已经占据着的那幢旧房子"。

其次，掌握了客户的真实需求后，约瑟夫开始运用策略进行说服。"您初来纽约的时候，您的办公室在哪里""钢铁公司在哪里成立的"这些看似随意、感性的提问，其实都是约瑟夫精心设计的。正是这些问题，巧妙地击中了卡里的隐衷，使其内心的真实想法完全表露出来。最终，约瑟夫成功了，卡里买下了这幢旧房子。

约瑟夫的成功，完全是因为他研究出了卡里的心思，并巧妙地使用了破解之法。

可见，作为推销员，不能只是机械地向顾客推销产品，而要先破解顾客内心的真实需求，这样才能取得事半功倍的效果。

客户需求就是你的卖点

> 销售心理学一点通：要能够满足客户的物质和精神的需要，激发他现实的和潜在的需求，这样的产品才是好产品。

卖点的确立要从客户的需求出发，进而研究自己的产品，挖掘和抓住产品的卖点，只有这样，才能使销售者和企业在竞争激烈、变幻莫测的市场中立于不败之地。

销售人员对不同客户，在不同时间、不同地点，必须用不同的手段。否则，你永远无法满足你的客户，会被客户所抛弃。某保健品的一则广告就是针对老人、妇女、儿童分别说了一通。所以，有用的卖点就是针对不同客户的不同需求。

卖点,"卖"指的是行销、推销、促销等销售行为的总称;而"点",即我们常说的"点子",也就是"创意"。因此,"卖点"所蕴含的意义,即在从事商品行销、推销、促销时的"创意"。卖点,是引导、激发市场需求的关键元素,也是一个品牌传播的最重要的支撑点。

那么卖点应该如何来寻找呢?不去深入研究产品,是无法找出卖点的,但同时不研究消费者也是不行的,这二者的关系是:有需求才有卖点,投其所好才能发现准确的卖点。没有卖点的商品与服务,根本不能吸引消费者。所以,销售者必须关心卖点,研究卖点,寻找卖点,培育卖点,创造卖点,不懂卖点的销售者是不能在市场中立足的。

卖点的确立要从客户的需求出发,创造和确立产品卖点的过程,就是对产品进行定位的过程。所谓定位,不是指产品本身,而是指产品在潜在客户心目中的印象,即产品在客户心目中的地位。你的产品是什么并不重要,重要的是客户认为你是什么。对于客户来说,产品的卖点和定位,要能够满足他的物质和精神的需要,激发他现实的和潜在的需求,这样的产品才是好产品。

首先要明确客户的需求有哪些分类。一般地,客户的需求可以分为潜在的需求和明确的需求两大类。

潜在的需求是指由客户陈述的一些问题,对现有系统的不满以及目前面临的困难。不管这些问题是销售人员发现的,还是客户发现的,不管客户同意不同意,对销售人员来讲,这些都算是潜在的需求。作为销售人员,潜在的需求对销售人员来说是一个销售机会。

例如,"我现在计算机速度有些慢","我对找不到竞争对手的资料感到很头疼","我们现有的供应商供货时不及时",这都是客户对他的问题的描述,这就是潜在的需求。

明确的需求是指客户主动表达出来的要解决他们问题的愿望。客户表达明确需求的用语主要有:"我想……","我希望……","我们对……很感兴趣","我想要解决我的这一问题","我们对服务器的实用性要求很高"。

研究发现,对销售真正有贡献的是,客户所表达的明确的需求,因此,销售人员要从各方面入手,探求客户的明确需求,而这种明确的需求应该包括以下几点:

完全。是指对客户的需求有全面的理解:客户都有哪些需求?这些需求中对客户最重要的是什么?他们的优先顺序是什么?

清楚。即客户表达的具体需求是什么?客户为什么会有这个需求。清楚也就是找到客户需求产生的原因,而这个原因其实也是需求背后的需求,是真正驱动客户采取措施的动因。

证实。你所理解的客户的需求是经过客户认可的,而不是你自己的猜测。

找到客户的这种需求后,再把这种需求转化为卖点,这样就很容易让客户满足,进而能够成交。

让客户自己说服自己

销售心理学一点通:推销员的目标就是,帮助人们对他们购买的产品感到满意,从而让他们自己说服自己。

客户时常会这样表示"我已经有了,目前还不需要""我拿不了主意""以后再说吧"等等。面对客户的这种信息,销售人员要在交谈中有意识地引导客户发现自己的需求。

案例一:

销售员:"您好,我是××电器公司业务员杨威,我打电话给您,是觉得您会对我公司最新推出的LED电视机感兴趣,它是今年最新的款式,全新配备了200Hz智能动感技术,色彩更艳丽,清晰度更高,而且是超薄的,还节能省电。"

客户:"哦,我们的电视机,凑合着还能用,LED电视目前还不需要。"

销售员:"哦,是这样,请问您喜欢看体育比赛吗,比如说F1赛车?"

客户:"是啊,F1是我最喜欢的体育赛事了。"

销售员:"不知道您有没有注意过,看比赛的时候,画面会有抖动和闪烁的现象,看着非常不清晰。有时候,还有拖尾现象。"

客户:"是啊,是啊。每次都让我非常郁闷,但我一直认为电视机都是这样的。"

销售员:"不是的。其实采用一些智能技术之后,就可以消除这些令您不爽的现象。比如说我们的这款电视,就可以通过自动分析相邻两帧的运动趋势并生成新帧,彻底消除画面的抖动和闪烁现象,画面就像丝绸一样平滑顺畅。要不您改天来亲身感受一下?"

客户:"听起来不错,那我改天去看一下吧。"

案例二：

情人节的前几天，一位销售员给客户家里打电话推销化妆品。接电话的是男主人。

销售员："先生，我是××化妆品公司的美容顾问罗斯，我们公司的化妆品是公认的好牌子，深受广大爱美女性的喜欢。我想您的夫人可能想买套化妆品。"

客户："化妆品？我太太没准会喜欢，她一向就爱打扮。但她今天不在家，我没法替她拿主意。"

销售员："先生，情人节马上就要到了，不知您是否已经给您太太买了礼物。我想，如果您送一套化妆品给您太太，她一定会非常高兴。"

客户："嗯。"

销售员（抓住时机）："每位先生都希望自己的太太是最漂亮的，我想您也不例外。"

客户："你们的化妆品多少钱。"

销售员："礼物是不计价钱的，要送给自己最心爱的太太，当然挑最好的。"

于是一套很贵的化妆品就推销出去了。

客户最不喜欢被人说服和管理，尤其是自己不喜欢的人。对于新客户而言，你还不足以让他产生对你的信任。这个时候你最好别把自己的意见强加给客户。人们讨厌被推销员说服，而是喜欢主动做出购买决定。推销员的目标就是：帮助人们对他们购买的产品感到满意，从而让他们自己说服自己。

案例一中的销售员就很善于引导顾客发现自己的需求。

首先，肯定客户的说法。销售员向顾客介绍 LED 电视机，而顾客表示暂时不需要。这时候，如果继续向顾客介绍产品，得到的回答必然是拒绝。销售员很聪明地及时打住了。

然后，话锋一转，问顾客是否喜欢看体育比赛。这是很家常的提问，顾客不会有防范意识。接下来就自然地提到电视机技术，从而激发顾客对 LED 电视机的兴趣。之后的产品介绍就水到渠成了。这个过程是销售员为客户创造需求的过程。最终以销售员的胜利而结束。

跟案例一类似，案例二中的销售员是抓住了情人节这个契机推销成功的。

首先，推销员反复向男主人介绍化妆品的好处，结果并不理想。这时，销售员灵机一动："如果您送一套化妆品给您太太，她一定会非常高兴。"那位男主人果然心动，当他询问价钱时，推销员又机智地说："礼物是不计价钱的。"最后化妆品以原价成交了。推销员正是抓住了"情人节"这个契机，成功销售了昂贵的化妆品。

"没有需求"型的顾客很多情况下并不是真的没有需求，只是出于本能的防范心理，不愿意被销售员缠住。但是销售员如果能发挥思维优势，提出让顾客感兴趣的事情，他也愿意和你交流。这时候要及时把握好客户关注的焦点，让自己有机会在和客户沟通的过程中，掌握好客户的真正需求所在，进而促进成交。

用赞美创造认同

销售心理学一点通：赞美能够获得客户的认同，采用赞美的策略能辅助销售的成功。

  李波是某油漆股份有限公司的推销员，这个公司刚刚开发出一种新型油漆，虽然广告费花了不少，但销售收效甚微。这种新油漆色泽柔和、不易剥落，防水性能好，不褪色，具有很多优点。这么好的产品推销不出去一定和策略有关，李波通过仔细调查，最终决定以市内最大的家具公司为突破口来打开销路。

  这天，他直接来到家具公司，找到总经理，说："张总，我听说贵公司的家具质量相当好，特地来拜访一下。久仰您的大名，您又是本市十大杰出企业家之一，您在这么短的时间内取得了这么辉煌的成就，真是太了不起了。"

  张总听后，心里很高兴，于是向他介绍了本公司的产品特点，并在交谈中谈到他从一个贩卖家具的小贩，到如今生产家具的大公司总经理的奋斗历程，还领李波参观了他的工厂。在上漆车间里，张总拉出几件家具，向李波炫耀那是他亲自上的漆。

  李波顺手将喝的饮料倒了一点在家具上，又用一把螺丝刀轻轻敲打，但总经理很快制止了他的行为。还没等总经理开口，李波发话了："这些家具造型、样式是一流的，但这漆的防水性不好，色泽不柔和，并且容易剥落，影响了家具的质量，您看是不是这样？"

  张总连连点头："是啊，最近听说有家公司推出了一种新型油漆，但并不了解，没有订购。"李波连忙从包里掏出了一块刷了漆的木板，把它放在身边的水池里，然后介绍说："如果待会木儿板没有膨胀，就说明漆的防水性很好，如果用工具敲打，漆不脱落，放到火上烤，漆不褪色，就说明漆的耐用性很好。"就在张总赞叹效果的时候，李波亮出了自己的推销员身份。这家公司很快就成了李波公司的大客户，双方都从中受益。

客户最初与推销员接触时，必定会进行初步的判断，接触这个人是否对我有利，他想从我这儿得到什么。但是，由于判断是需要大量的信息的，而在不完全了解推销员的情况下，进行判断是不准确的，于是客户不得不采用感性的思维来帮助判断，因此推销员在刚一开始遭到拒绝也就很正常了。为了避免遭到客户的直接拒绝，此时推销高手就需要消除客户的防范心理，案例中的李波就是这样成功的。

首先，李波在见到客户时，并没有直接称赞自己的油漆多好，而是从赞美这家公司的产品入手。这让总经理的心里非常受用，防范心理逐渐减弱。

其次，总经理在高兴之余，带领客人去参观其产品，李波趁其心情愉快，在车间内，点出了其家具公司的产品的油漆性能差，直接影响了家具的质量，并在这个时候，展示了本公司最上乘的产品。相比之下，凸显了本公司新型油漆的优点。

李波通过赞美对方，先让客户对自己建立了好感，然后通过产品展示引导客户进行理性思考，于是，客户很自然地接受了李波的建议。就这样，李波争取到了这家客户，达到了推销产品的目的。

可见，采用赞美的策略能辅助生意的成功。但在使用这一策略的同时，以下几点也必须注意：

首先，赞美千万不要过头，否则会令人生厌。

其次，赞美一定要是顾客所喜爱的东西，是他引以为傲的，否则无法使顾客心动。

最后，赞美的同时最好提出自己的一些看法，这能充分证明推销员的态度是诚恳的。

给顾客创造抢购的理由

销售心理学一点通：注意积极地营造促销的氛围，给消费者树立"示范"的榜样，绝对是聪明的行为。

很多人都有这样一种想法：要搬新家了，通常会换一套新的家具家电。拿电视机来说，到了商场一看，同样尺寸同样液晶彩电，价格相差很大，但很多人买的并不是价格便宜的，而是价格高的名牌产品。这个现象让人很困惑，据行家说，国内家电特别是电视机产品质量其实相差不大，用的都是进口显像管。

为什么人们选择价格高的呢？因为名牌产品给人信赖感，越多的人愿意买品牌，其他很多人便会效仿，同样购买市场口碑好的"品牌"。如果其他产品的质量不如名牌的，这种选择无可厚非，但在产品质量相同的情况下，这种选择显然是不公平的。

人们对电视产品的质量的认识，并不是通过实践得来的。电视不像日常低值易耗品那样经常更换，购买一台电视通常要用上几年甚至十几年，因此人们无法积累感性经验。消费者的购买行为大多受报纸上公布的评比和调查结果影响，或是其他消费者的经验与推荐,如哪种电视销量最大,哪种电视寿命最长等,而并非完全依据自己的理性来进行购买决策。

有这样一句话:"市场上吆喝声最响的人,往往就是要卖出东西最多的人。"在信息爆炸的当代社会,已经不再是"酒香不怕巷子深"的时代了,无论怎样的产品,都面临着同质化的巨大竞争,无论多么"物美价廉"的商品,都可能湮灭在大量的同类产品中。因此,销售人员的首要任务,就是通过有效的广告营销,招徕更多的顾客。只有顾客听到了你的吆喝,他才可能关注你的产品。换句话说,只要顾客听到了你的吆喝,他就有可能给你带来商机。

消费者的消费行为不完全是理性的,他们在消费过程中可能受到各类因素的干扰,做出感性的消费决策。其中,广告和品牌效应是干扰其做出选择的重要因素。

广告和品牌效应实际上就是对于消费者的一种示范效应。示范效应这个名词最早是心理学家对人类行为研究所做的总结,现在已广泛地被经济学家用于研究人的经济行为,尤其是人类的消费行为。所谓的示范效应就是指某个人(或群体)的行为被作为榜样,其他人向他学习而产生的影响。

一个群体中,某些有影响的个人的思维和行为方式尽管在起初被视为有违传统,但逐渐有可能使其成为人们仿效的模式,从而取代传统,成为未来的主流。示范效应往往是双向的,这就是所谓"坏"榜样和"好"榜样所起的影响。从动态上看,示范效应最终会使少数成为主流。

示范效应在销售中的应用还有很多。我们进行特价促销或是限时抢购时,也正是希望通过营造一种群体"疯抢"的抢购氛围,来对更多的消费者产生"示范效应"。参与抢购的顾客原本或许并不一定有购买此商品的打算，他们大多数都是受疯狂人群的感染，几乎是不由自主地被卷入抢购狂潮中，抢购平时不屑一顾的商品。另外，有些人看到别人的衣服漂亮，或是关注到某款服装是今年流行的，不管自己穿着好不好看，也要千方百计弄一套穿在自己身上。这些都是由于其他消费者的"示范效应"而引发的跟风行为。

因此，销售员在销售过程中，注意积极地营造促销的氛围，给消费者树立"示范"的榜样，绝对是聪明的行为。因为在"示范效应"下，你赢得的不仅仅是一位顾客，而是一群顾客！

免费最能契合顾客之心

销售心理学一点通：我们可以巧妙地利用人们感到愧疚的策略，先付出一点免费的甜头让客户产生不好意思不买的负罪感。

有一个周末，小雅去沃尔玛购物。从沃尔玛走出来后，有位西装革履的男士拦住了她："凭您的购物小票，可以到我们的美容院做一次免费美容体验。"

爱美是女孩子的天性，小雅听后压抑不住自己的惊喜，同时也有些担心怕上当受骗，所以就愣了几秒钟。只见那位先生善意地微笑着说："您别担心，不会要您一分钱的，您长得这么漂亮，唯一的缺憾就是皮肤有点儿干，您有沃尔玛的购物小票我们就可以让您免费做一次护理，让您的皮肤变得水水嫩嫩的。"

就在小雅犹豫之际，那位先生就已经开始很热情地引导小雅进入旁边的美容院。果然，美容院除了让小雅买了一张一次性小毛巾之外，没有让小雅出一分钱。在高级温馨的美容室里，美容小姐非常耐心周到地为小雅做了整整一小时的面膜和按摩。

享受了全套服务的小雅心情无比舒畅地闭眼享受着这种惬意。这时，美容小姐一边给她按摩，一边轻轻地对她说："实际上，刚才给你做的美容项目，如果不继续做下去是不会有效果的。由于刚才给您做按摩时使用的是价值上百元的精油，所以我们也做好了亏本的准备了。"

小雅听后不免开始有些愧疚感，毕竟免费享受了如此亲切的服务，心里也难免过意不去。不由兴起了报答这位美容小姐的念头，心想如果再光顾几次，应该可以补偿这种心理亏欠了。于是小雅在美容小姐的引导下办了这家美容店的会员卡。

从那以后，小雅每次去这家美容店的时候，都会购买各种化妆品或是做各类美容护理。小雅自我安慰："如果花钱可以变漂亮的话，还是挺划算的，再说美容小姐人又那么好。"在这种心态下，小雅成了这家店的常客。

当消费者通过等价交换付出相应的金钱买到某件商品或者获得某种服务的时候，他们心理上不会有任何的负担。不可思议的是，虽然谁都喜欢吃免费的午餐，但是真的不花一分钱就从对方那里获得好处的话，消费者通常都会觉得不好意思，心存愧疚，从而想通过其他方式去弥补。

正是因为这种心理，往往让消费者无法拒绝我们销售员的需求。这也是很多商家喜欢提供"免费试用""免费品尝"活动的内涵。在做销售的时候，我们可以巧妙地利用人们感到愧疚的策略，先付出一点免费的甜头让客户产生不好意思不买的负罪感。在这样的心理压力作用下，很少人能够无动于衷。

别让顾客在情感上不能接受

> 销售心理学一点通：接到这种由于自己公司的错误，而给对方带来麻烦的电话时，即使错误和员工本身并无直接关系，也需诚心诚意地向对方道歉。

我们首先要做的是关注客户的情感，而不是事实。要注意讲话的方式，了解清楚情况后，要向客户做出解释，并提出解决办法。必要时，应做出适当的让步。

案例一：

客户："请问，是××公司吧？我姓李，我有些问题需要你们处理一下！"

接线员A："您好，李先生，我可以帮您什么？"

客户："我使用你们的笔记本电脑已经快一年了，最近我发现显示器的边框裂开了。因为我知道你们的电脑保修期是3年，所以想看看你们如何解决。"

接线员A："您是指显示器的边框裂开了？"

客户："是的。"

接线员A："您碰过它吗？"

客户："我的电脑根本没摔过，也没有碰过，是它自动裂开的。"

接线员A："那不可能，我们的电脑都是经过检测的。"

客户:"但它确实是自动裂开的,你们怎么能这样对我?"

接线员 A:"那对不起,显示器是不在我们 3 年保修范围之内的,这一点在协议书上写得很清楚了。"

客户:"那我的电脑就白裂开了?"

接线员 A:"很抱歉,我不能帮您。请问还有什么问题吗?"

客户:"我要投诉你们!"

案例二:

我们来看一下上一案例中另一位接线员 B 是怎样与客户在电话中沟通的。

客户:"我要投诉!我要投诉!"

接线员 B:"您好,请问发生了什么事,让您这么着急?"

客户:"是这样,我的笔记本电脑使用快一年了,在没碰没撞的情况下,显示屏的边框裂了。我刚才打过电话,你们的一个同事说没有办法保修,而且态度非常不好,你们怎么可以这样对待你们的客户?"

接线员 B:"哎呀,李先生,显示屏的边框裂了!裂到什么程度了,现在能不能用?"

客户:"裂得倒不是很大,用还是可以用,只是我得用胶布粘它,以防裂得更大。"

接线员 B:"那还好。不过,这对您来讲确实是件不好的事,我能理解您现在的心情,换成我,我也会不好受。"

客户:"那你说怎么办?"

接线员B："李先生，我知道您的电脑在没有外力碰撞的情况下，边框裂开，我真的很想帮您。只是在计算机行业中，显示器的类似问题，各个企业都不在保修范围。我想这一点您是理解的，对不对？"

客户："其实坦率来讲，我并不是真的想让你们保修，我只是希望你们能给我一个说法，没想到你们那个客服人员态度那么不好。"

接线员B："李先生，对于您刚才不愉快的遭遇，我感到十分抱歉。只是，请您相信我们，我们是站在客户的立场为客户解决问题的。让我想想在目前情况下如何处理。对于边框，我倒有个建议，因为边框是塑料的，现在有一些强力胶是可以粘的，所以，您可以试试用胶水粘一下，效果要比用胶布好。"

客户："那我回去试试。"

接线员B："那您看还有什么问题？以后有什么问题，请您随时打电话给我，我会全力为您服务的。谢谢！再见！"

在公司中，时常会有客户来电表示不满，或有所要求。对经验不足的员工而言，这种电话常会使其惊惶失措，不知如何应对。接到这种由于自己公司的错误，而给对方带来麻烦的电话时，即使错误和员工本身并无直接关系，也需诚心诚意地向对方道歉。如果做不到这一点，一味不耐烦地进行辩解，只会使问题更加严重。

很显然，案例一是一个非常失败的对待客户投诉的电话。与情绪不好的客户打交道，是电话沟通中的一大挑战，处理这类电话很重要的一点就是与客户的情感打交道。在电话中，当我们遇到情绪不佳的客户时，我们首先要做的是关注客户的情感。

在商务电话沟通中，为客户提供优质的服务是对工作人员的职责要求之一。由于各种原因，我们不可避免地会遇到客户的投诉，这就需要我们马上帮助客户解决问题，这样才会增加客户的忠诚度。如果不能妥善处理客户的投诉，一味地与客户争吵，最后的结果只能是失去客户。

顾客都愿意和诚实的人打交道

销售心理学一点通：真正聪明的经营者都懂得，办商业靠的是信誉，以诚待客客自来，顾客的信任才是商业生存的基础。

卡耐基认为：信誉是商业道德之本，竞争取胜之道，提高经济效益之宝。在现代社会的市场经济中，我们一定要明确经营方向，树立"消费者第一""顾客至上"的服务观念，在经营活动中，要努力建立和保持崇高的商业信誉，自觉地养成诚实经营的职业思想和职业行为习惯。

人的个性千差万别，有的含蓄、深沉，有的活泼、随和，有的坦率、耿直。含蓄、深沉者可以表现出朴实、端庄的美，活泼、随和者可以表现出热诚、活泼的美，坦率、耿直者也有透明、纯真之美。人生纯朴的美是多姿多彩的。在各种美的个性之中，有一种共同的品性，就是真诚。

这里所说的真诚就是心术正，表里如一；对人坦率正直，以诚相见。应该说，真诚是人生的命脉。做人失去真诚，不仅会失去别人信任，而且也会失去自信。真诚首先是人的内在素质中的道德品性，最根本的要求是心正、意诚、做事正派，忠于自己应负的社会责任，坚持真理和正义的原则。

这里强调了为人真诚的一个基本要求，就是具有社会责任感，忠于自己的社会责任。没有社会责任感，不忠于自己应负的社会责任，就不会有真诚。真诚固然要自我坦白，自己对得起自己，但它必须首先肯定自己的社会责任，在自我与社会、他人的关系中，自见其真诚。

在社会关系及其所要求的责任中，要养成真诚的品格，即所谓"自明诚"，"明则诚"。因此，真诚不但要求一个人明确自己的社会责任，更要用自我牺牲的精神去履行自己的责任。从这个意义上说，否认自己应负的社会责任，只求洁身自好，这是十足的虚伪。

不同的环境条件下，则真诚所体现的自我意识也深浅不一，其表现的人格和境界也程度不一。真诚的最低层次的要求是不说谎，直接地说出目的。在复杂的社会事物和人生活动中，目的和手段要有一定的分离，即使用善意的谎言，达到更高的正义的目的。医生为了减轻病人的负担，以利治病救人，往往向病人隐瞒病情，编造一套谎话欺骗病人。这样才能使病人早日康复。它表现的不是虚伪，而是更高、更深层的真诚，是出于高度的社会责任的真诚。只有智慧、德性和能力达到高度统一的人，才能表现出这种高深层次的真诚美。

卡耐基认为，真诚应该包括坚持真理、改正错误的精神。人生处世，难免有错。一个真诚的人，应该是襟怀坦诚的。一旦认识到自己的错误，就能正视错误，认真总结经验教训，找出错误的原因。抓住机会，改正错误，回到真理方面来。这种回到真理的精神，是为人真诚、正直的表现，是一种高尚的精神。如果一个没有犯认识错误的人，除了判断正确、头脑精明以外，得不到人们的其他赞美；而一个能够认识错误、改正错误的人，则不但表明他的理解正确、聪明，而且表明他为人真诚、光明磊落。

日本大企业家小池说过："做生意成功的第一要诀就是诚实。诚实就像树木的根，如果没有根，树木就别想有生命了。"

小池出身贫寒，20岁时就在一家机器公司当推销员。有一个时期，他推销机器非常顺利，半个月内就跟33位顾客做成生意了。之后，他发现他们卖的机器比别的公司出品的同样性能的机器昂贵。他想，如果同他订约的客户知道了，一定会对他的信用产生怀疑。于是大感不安的小池立即带着订约书和订金，整整花了3天的时间，逐家逐户去找客户。然后老老实实给他们说明，他所卖的机器比别家的机器昂贵，为此请他们废弃契约。

表面上看来，小池的做法是在"自毁长城"，而事实上不是。后来这33个人都被小池的诚实所感动，都没有与他毁约，相反地，他们更加信任小池了。

诚实具有惊人的魔力，它像磁石一般具有无比强大的吸引力。其后，人们就像小铁片被磁石吸引似的，纷纷前来他的店购买东西或向他订购机器。不久，小池就成了日本有名的企业家。

小池后来常常告诫他的员工说："你们应该记住，做生意最重要的就是要有为顾客谋福利的正确观念，这要比玩弄花招重要得多。"

第二篇

以心理策略应对不同客户
——对客户心理特点进行销售

第一章

销售中的心理学

——根据不同的客户制定不同的销售策略

从客户的特点切入

> 销售心理学一点通：每个客户都有特点，就看你能不能看到并把握客户的特点。

每个人都会有特点。由此推及销售上，每个顾客也都会有特点。一个非常谨慎的人，也会偶尔一两次冲动消费；一个非常冲动的人，也会在购买过程中保持理性。因此，销售人员要具有在瞬间把握顾客特点的能力。

李先生原是吉林人，早年由于兵荒马乱，他跟着父母逃难到山东，后来就在山东定居下来，一家人过着非常贫苦的生活。新中国成立后，李先生一家人投身当地的建设，就再没有回过吉林。

改革开放以后，李先生以敏捷的思维和大胆的投资，创办了一个工厂，经过几年的奋斗与拼搏，已成为全国同行业中的佼佼者，个人资产总额已名列全国前五名。李先生虽已成家立业,但时时刻刻都想着家乡,想着家乡的人民。现在年龄也大了,总有一种叶落归根的想法,但苦于工作太忙,无法回去。

这时,李先生的家乡为了创办一家特产加工厂,需要一笔不小的资金,当地政府千筹万借,才筹到了总数的1/3,于是就派出一名办事员小徐去找李先生,希望能得到援助。

小徐是政府对外联络办的,为人聪明,善于交际,且很有办法。他看了李先生的详细资料后,就判断李先生这时也很有回家乡投资的意向。因此,在既没有任何人员陪同,也没有准备任何礼品的情况下,独自一人前往山东,并且打包票定会筹到款项。

当李先生听到家乡来人时,他在欣喜之余也感到有些惊讶,因为很久没有得到家乡的讯息,也没有提前打招呼,突然有人来了,该不会是招摇撞骗之人吧。李先生心里不由起了疑心,但出于礼节,他还是同小徐见了面。

小徐一见李先生这种神情,知道他还未完全相信自己。于是他挑起了家乡的话题,只讲家乡这几十年的风貌变化,他那生动的语言,特别是那浓浓的爱乡之情溢于言表,令李先生深受感动,也将其带回了童年及少年时期。很显然,李先生记忆深处的乡情被深深地触动了,蕴藏在心中的几十年的思乡情全部流露了出来。

就这样,经过3个小时的"聊天",小徐对借钱一事只字未提,只是与李先生一起回忆了家乡的变迁。最后,李先生不但主动提出要为家乡捐款一事,还答应了与家乡合资办厂的要求。

小徐很聪明,他充分抓住了李先生的心理特点,捕捉到了李先生的思乡之情。他利用换位思考，找到了李先生感兴趣的话题，因此，他的成功是意料之中的。

每个客户都有特点，就看你能不能看到并突破客户的特点。客户的特点就是销售人员进行推销工作的切入点和突破口，针对客户的特点进行营销，一切就变得容易许多。

按照顾客的性格进行沟通

> 销售心理学一点通：营销人员在面对一位潜在客户时，必须清楚地了解自己和客户的行为方式是什么。

许多营销人员把"你希望别人怎样待你，你就怎样对待别人"视为推销的黄金准则。但问题是，业务员的性格和处事方式并非与客户完全一样，业务员按照自己喜欢的方式对待客户，有时会令客户不愉快，从而给成功投上阴影。业务员按照客户喜欢的方式对待客户，就会赢得客户的喜欢。

营销人员在面对一位潜在客户时，必须清楚地了解自己和客户的行为方式是什么。营销人员要学会用客户希望的方式与之交往，要学会用人们希望的方式向他们出售，要学会调整自己的行为、时机选择、信息、陈述以至于要求成交的方式，以便使自己的行为适合于对方。所以，在沟通过程中就要求营销人员及时分析客户的性格以便适应。

为了更形象地在电话中判断对方的性格，我们将人的性格特征和行为方式按照行事的节奏和社交能力，分为四种类型：

1. 老鹰型的性格特征

老鹰型的人做事爽快,决策果断,以事实和任务为中心,他们给人的印象是不善于与人打交道。这种人常常被认为是强权派人物,喜欢支配人和下命令。他们的时间观念很强,讲求高效率,喜欢直入主题,不愿意花时间同人闲聊,讨厌自己的时间被浪费。所以,在电话中同这一类型的客户长时间交谈有一定难度,他们会对事情主动提出自己的看法。

由于他们追求的是高效率,他们时间观念很强,所以,他们考虑的是他们的时间花得值;他们会想尽办法成为领先的人,向往第一,往往是领袖级人物或总想象自己是领袖级人物;对他们来说,浪费时间和被别人指派做工作,都将是难以接受的。

2. 猫头鹰型的性格特征

这类人做事缓慢。他们在电话交流中音量小而且往往处于被动的一方,不太配合通话方的工作。如果对方表现得很热情的话,他们往往会难以接受。

他们喜欢在一种自己可以控制的环境下工作,习惯毫无创新的工作方式。他们需要与人建立信任的关系。个人关系、感情、信任、合作对他们很重要。他们喜欢团体活动,希望能参与一些团体,而在这些团体中发挥作用将是他们的梦想。另外,他们不喜欢冒险。

3. 鸽子型的性格特征

该类人友好,做起事来不急不躁,讲话速度往往适中,音量也不大,音调会有些变化。他们是很好的倾听者。他们需要与人建立信任关系。他们喜欢按程序做事,且以稳妥为重,即使要改革,也是稳中求进。他们往往多疑,安全感不强,在与人发生冲突时会主动让步，在遇到压力时，会趋于附和。

4. 孔雀型的性格特征

孔雀型的人基本上做事爽快，决策果断。但与老鹰型的人不同的是，他们与人沟通的能力特别强，通常以人为中心，而非以任务为中心。如果一群人坐在一起，孔雀型的人很容易成为交谈的核心，他们很健谈，通常具有丰富的面部表情。他们喜欢在一种友好的环境下与人交流。社会关系对他们来讲很重要。他们给人的印象是平易近人、朴实。

孔雀型的人作决策时往往不关注细节，凭感觉作决策，而且速度很快，研究表明，三次的接触就可以使他们下决心。同时，他们也喜欢有新意的东西。

在电话中，由于我们看不到对方，所以，我们只能依靠对方的声音来进行判断。但由于我们第一次与客户在电话中交流，可能对客户的做事方式了解得还不够，所以，声音要素就成了我们在第一时间判断客户性格特征的重要依据。

对方讲话的速度是快还是慢？声音是大还是小？一般来说，老鹰型的人和孔雀型的人讲话声音会大些，速度会快些，而鸽子型和猫头鹰型的人则相反。所以，通过对方讲话的速度和音量可以判断他是属于老鹰型和孔雀型的人，还是鸽子型和猫头鹰型的人。

对方是热情还是有些冷淡？对方在讲电话时是面无表情，还是眉飞色舞（即使我们看不到对方，但相信通过声音，我们还是可以判断出这一点）？对方是否友好？一般来说，老鹰型和猫头鹰型的人，在电话中会让人觉得有些冷淡，不轻易表示热情，销售人员可能会觉得较难打交道；而孔雀型的人和鸽子型的人则是属于友好、热情的。

我们现在已经基本可以通过电话来识别客户的性格特征，接下来我们如何去适应客户呢？答案就是尽可能地配合客户的性格特征，然后再影响他。举例来说，如果客户的讲话声音很大，我们也要相应提高自己的音量；如果客户讲话很快，我们也要相应提高语速。然后，我们再慢慢恢复到正常的讲话方式，并影响客户也将音量放低或放慢语速。

任何一种客户性格都要在我们进行分析后才会得出结论，分析来源于资料，资料来源于聆听。不同的客户往往具有不同的行为方式和性格特征，这就要求销售人员能在电话中适应客户的性格，对症下药，并给客户一种自己同他是同一类人的感觉，这无疑对销售有极大的帮助。

学会与不同的人做生意

> 销售心理学一点通：面对不同的客户，你就要学会运用多种方法去应对。

在生意场上，总会接触到各种各样的客户，他们的素质、风格和处事的方式肯定是不一样的。面对这种情况，你就要学会运用多种方法去应对，一般情况下，这些客户大致可分为以下几类人，因而应对的方法也要因人而异。

1. 对待精明的客户

这类客户大多数是生意场上的老手，特别不好对付。如果你不答应他的条件，他就会说"我要走了"这样的话，对你施加压力。

他认为这样施加压力后,你就会答应他的苛刻条件。

对于这类客户不能太让步。因为你越让步,他就会抓住你的弱点,使你吃大亏。此时,你只能据理相争,但也要给他一个台阶,既应当有礼貌,又不放他走,这就需要用话把他说服。

可以对他说:"先生,要走了,明天来了别后悔呀,到明天,或许价格就涨了呢,您没看见这几天货是一天比一天价格高吗?再说我这商品又不错,您也喜欢,何必走呢,来,咱们好好商谈一下,怎么样?"

2. 对待没有主见的客户

通常这类客户做什么事都没主见,总是依赖别人,依赖他所信任的人。他们总是把自己当作一个小孩看待,每做一件事,都要和家里人商量,和他所熟悉的人商量。有时这类人爱凑热闹。

由于这种人没有主见,总希望与一个有主见的,且可信任的人商谈,给他们一些意见,然后他们才去做某件事。

根据这一点,你可先和他们聊天,也就是先取得他们的信任,最后再询问他们"要不要"。这样就为后面埋下了"信任"的伏笔。

由于你对于这类客户来说是有主见的、可信任的人,他就会听从于你的意见,这样就有可能成交了。

可以这样对客户说:"先生,这些商品就在您的眼前,您又觉得很满意,为什么要和别人商量呢?难道还有人比您更加清楚我的商品,以我之见,您就开个订货单吧!您觉得怎么样?"

3. 对待沉默寡言的客户

有的客户话比较少,总是问一句说一句,这不要紧,即使对方反应迟钝也没什么关系,对这种人该说什么最好就说什么。这种不太随和的人说话也是有一句是一句,所以反而更容易成为那种忠实的顾客。

4. 对待知识渊博的客户

知识渊博的人是最容易面对的客户。面对这种客户要多注意聆听对方说话,这样可以吸收各种有用的知识及资料。同时,还应给予自然真诚的赞许。这种人往往宽宏、明智,要说服他们只要抓住要点,不需要太多的话,也不需要用太多的心思,仅凭此能够达成交易,当然是理想不过了。

5. 对待爱讨价还价的客户

这种人往往为他们讨价还价而自鸣得意,所以对这种人有必要满足一下他的自尊心,在口头上可以做一点适当的小小的妥协,比如可以这样对他说:"我可是从来没有以这么低的价钱卖过的啊。"或者:"没有办法啊,碰上你,只好便宜卖了。"这样使他觉得比较便宜,又证明了他砍价的本事,他是乐于接受的。

6. 对待疑心重的客户

这种人容易猜疑,容易对他人的说法产生逆反心理。说服这种人的关键在于让他了解你的诚意或者让他感到你对他所提的疑问的重视,比如:"您的问题真是切中要害,我也有过这种想法,不过要很好地解决这个问题,我们还得多多交换意见。"

帮摇摆不定的客户决策

销售心理学一点通:犹豫不决的客户需要别人来帮他做决定。

假设你想买一件衬衫,到百货公司或专卖店选购。在你还未决定到底要买哪种颜色、样式、风格的衬衫时，必定会犹豫不决地在卖场里来回挑选，此时，店员便会走上前来为你服务。

"请问您需要哪种颜色的衬衫？"

"嗯，深蓝色的。"

"深蓝色的吗？这件您觉得如何？"

"嗯。花格子衬衫看起来似乎年轻了点，不符合我的年纪。"

"不会啦，这件衣服您穿起来休闲又帅气，而且款式新颖，又很合您的身材，和您再相配不过了，老实说真是物超所值哩！您还考虑什么呢？"

"噢，是吗？嗯，好吧，就买这件。"

像这类客户和店员间的对话，在日常生活中屡见不鲜，或许你也曾有过类似的经验。只要认真分析一下，你就会发现其中的奥妙。

其实客户在进入商店之前，往往只是单纯想买件衬衫，对于样式并没有任何概念。而店员在观察到他犹豫不决的神态后，脑海中便飞快地拟出一套推销策略，并随手拿起一件放在面前的衣服，告诉客户这衬衫"款式新颖""很合您的身材"之类的话，让客户不知不觉产生一股"想要买下来"的冲动。

正因为客户在踏进这家店之前，心中还弄不清楚自己究竟想要买哪种样式的衬衫，所以在听完店员一席话之后，便以为自己心目中理想的衬衫就是眼前这一件，于是痛痛快快地买下，而店员也因此成功说服客户成交了一笔生意。

不给反复无常型客户退路

> 销售心理学一点通：找到空隙就要趁热打铁，紧追不舍；否则最后只得放手。

相信许多销售人员在进行行销时，都会碰上这样一种客户：情绪化很强，答应好的事，过不了多久就又变卦了。因此又称他们为"反复无常型"客户。

那么，遇到这种反复无常型的客户，销售人员怎么应付比较妥当呢？

"喂！陈总您好，我是小刘，上次咱们谈关于安装机器的事，我今天派安装人员过去，您安排一下吧？"

"呀，这个事啊，是今天吗？小刘你这样，我今天很忙。你过两天再打电话过来，咱们再谈。"

"陈总，咱们这事已经定过三次了，您对这个机器也满意，现在天也要冷了，尽快安上也可以避免很多麻烦，您说对吧？"

"对，这是肯定的。"

"陈总，今天您开会是几点到几点？"

"这个会估计要开到11点。"

"那您下午没别的安排吧？"（寻找空子。）

"下午很难说。下午我跟客户有个聚会。"

"陈总，这样，我们的人现在就过去。咱们花半个小时，您安排一下，接下来的工作，我们就和其他人具体交涉了，您还去参加您的聚会，没问题吧？"

"那好吧。"

针对这种反复无常型客户，心急吃不了热豆腐，销售人员首先要有足够的耐心。

小刘已经第四次与陈总接洽了，每次陈总给人的印象都很爽快，但等到小刘催单的时候他却三番五次地反悔。在有些情况下，拍板人爽快的同意，只是进一步考虑怎么为自己脱身争取时间。小刘通过分析确认陈总的属性是反复无常型客户，于是有针对性地设计了以上说辞。

从对话中，可以看出陈总在前一次电话里答应得很爽快，但等到小刘说要派人去安装的时候，他马上又改变了主意。小刘看他又要玩"太极"，马上强调天冷，不赶紧安装就会出现别的麻烦。陈总只能用"对，这是肯定的"作答，从而为自己争取时间考虑怎么脱身。为了不让他再拖了，小刘要从他的时间安排里找到空隙。这样，就不会给他再次"拖"的机会和借口。不要以为再约一个时间就一切都解决了，小刘在陈总说"下午很难说。下午我和客户有个聚会"中使用了策略，防止拍板人一切从头再来。因此，最后小刘紧追不舍，不给他出尔反尔的机会，让其立即拍板。

对待这种反复无常型客户就应该像小刘一样，不给客户再拖的机会。找到空隙就要趁热打铁，紧追不舍；否则最后只得放手。另外，一些客户接到你的电话并不准备倾听或进行建设性的对话，甚至会攻击你，在被客户攻击时仍然要保持愉快的心态，不要在意客户的不敬。这也体现出了一名合格的销售人员的修养与素质。

多肯定理性型客户的观点

> 销售心理学一点通：在谈判中要善于运用他们的逻辑性与判断力强的优点，不断肯定他们，这样才会取得行销的良好效果。

有些客户是偏重于理性思考的，这种人的好奇心非常强，喜欢收集各方面的信息，提出的问题也会比其他类型的购买者多。其实，销售人员在接通电话后，可以通过下面的一些方法识别这种类型的客户：如他们最常说的话就是"怎么样"，"它的原理是什么"，"怎么维修"，"通过什么方式给我送货啊"。甚至有时候他们也会问"你多大了"，"接待的顾客都是什么样的"，"你干这一行多长时间了"，等等。

他们逻辑性强，好奇心重，遇事喜欢刨根问底，还愿意表达出自己的看法。作为一名销售人员就要善于利用这些特点，在销售过程中多肯定他们的观点。

因为，对于这类客户，在谈话时，即使是他的一个小小的优点，如果能得到肯定，客户的内心也会很高兴的，同时对肯定他的人必然产生好感。因此，在谈话中，一定要用心地去找对方的价值，并加以积极的肯定和赞美，这是获得对方好感的绝招。比如对方说："我们现在确实比较忙。"你可以回答："您坐在这样的领导位子上，肯定很辛苦。"

常用的表肯定词语还有"是的""不错""我赞同""很好""非常好""很对"，等等。这一过程中切忌用"真的吗""是吗"等一些表示怀疑的词语。

销售人员小刘上次电话拜访张经理向他推荐 A 产品，张经理只是说"考虑考虑"就把他打发走了。小刘是个不肯轻易放弃的人，在做了充分的准备之后，再一次打电话拜访王经理。

小刘：张经理，您好！昨天我去了 B 公司，他们的 A 产品系统已经正常运行了，他们准备裁掉一些人以节省费用。（引起话题——与自己推销业务有关的话题）

张经理：不瞒你说，我们公司去年就想上 A 产品系统了，可经过考察发现，很多企业上 A 产品系统钱花了不少，效果却不好。（客户主动提出对这件事的想法——正中下怀）

小刘：真是在商言商，张经理这话一点都不错，上马一个项目就得谨慎，大把的银子花出去，一定得见到效益才行。只有投入没有产出，傻瓜才会做那样的事情。不知张经理研究过没有，他们为什么失败了？

张经理：A 系统也好，S 系统也好，都只是一个提高效率的工具，如果这个工具太先进了，不适合自己企业使用，怎能不失败呢。（了解到客户的问题）

小刘：精辟极了！其实就是这样，超前半步就是成功，要是超前一步那就成先烈了，所以企业信息化绝对不能搞"大跃进"。但是话又说回来了，如果给关公一挺机枪，他的战斗力肯定会提高很多倍的，您说对不对？（用假设的方式再一次强调 A 系统的好处，为下面推销做基础）

……

小刘：费用您不用担心，这种投入是逐渐追加的。您看这样好不好，您定一个时间，把各部门的负责人都请来，让我们的售前工

程师给大家培训一下相关知识。这样您也可以了解一下您的部下都在想什么，做一个摸底，您看如何？（提出下一步的解决方案）

张经理：就这么定了，周三下午两点，让你们的工程师过来吧。

作为推销员的小刘，虽然再次拜访张经理的目的还是推销他的A产品系统，但是他却从效益这一关心的话题开始谈起，一开始就吸引了张经理的注意力。在谈话进行中，小刘不断地对张经理的见解表示肯定和赞扬，认同他的感受，从心理上赢得了客户的好感。谈话虽然进行到这里，我们可以肯定地说小刘已经拿到了通行证。

所以，在同理性的客户谈判时，就要先从你的产品如何帮助他们，对他们有哪些好处谈起，尽快引起他们的兴趣，但是也不要把所有的好处都亮出来。同时，在谈判中要善于运用他们的逻辑性与判断力强的优点，不断肯定他们，这样才会取得良好的行销效果。

让完美主义型客户更完美

销售心理学一点通：只要能在细节上让客户心服口服，交易自然就会成功。

销售员："小姐您好！这是我们最新推出的夏季套装，面料舒服，做工精良。要是您喜欢的话，我给您找个号，您试试吗？"

顾客："我已经有了一件类似的衣服了，不用出件新品就买吧？"

销售员："小姐，我们这件衣服，是限量发行的，您买了是有纪念意义的。而且您气质这么好，和这件衣服简直太搭了。"

顾客："是我了解我的需要，还是你了解，你以为自己是谁呀？"

销售员:"我不是这个意思。我就是觉得只有您穿上这件衣服,才可以显得这件衣服更高贵。"

顾客:"行了行了,你们这些卖衣服的,除了能添乱还能干什么,月月出新的,月月搞推销,烦不烦啊?没见我正在选吗?总要买性价比最高的嘛。"

销售员:"……"

场景中的这位顾客表面上看是一位对产品不感兴趣的顾客,而通过后面的对话可以看出她是想买一件性价比最高的衣服。从中可以看出,她其实是一位分析型的顾客。分析型客户关注的就是细节,不进行一番比较分析,他们绝不轻易做出决定。

相对于那些看上了就买,拿起来就走的爽快客户,分析型客户则显得磨蹭。他们买东西左比右比,左挑右选,确定没有任何问题之后才会购买。疑心重、爱挑剔、喜欢分析是这类客户消费时的最大特点。

分析型客户非常注重细节,他们比较理智,更相信自己的判断,不会因为一时性起就决定买或不买,往往是进行翔实的资料分析和论证之后,才会做出决定。因此,在选购商品时,分析型客户总会慢条斯理,表现得十分谨慎和理智。

销售员有时候会被分析型客户的挑剔弄得不知所措。实际上,只要我们掌握应对这类客户的心理,他们也不是那么难搞定的。当我们遇到分析型客户时,所设计的技巧一定要与分析型客户的特点相吻合。

面对最挑剔的分析型客户,我们不能莽撞地采取"对抗"的方式。而应该婉转地采用心理学战术，巧妙地将分析型客户耿耿于怀的不满之处转移出去。与分析型客户接触，一定要留给他一个好的印象，说话不夸张、不撒谎，也不能强迫客户购买，因为这样的客户往往很有主见，并且追求完美，有着自己的行为信条，不愿意受人左右。仔细询问客户的需求，并想办法尽量满足客户的需求。总之，分析型客户考虑得比较周全，那么销售员就应该做到更加周全，只要能在细节上让客户心服口服，交易自然就会成功。

缩小犹豫不决型客户的选择范围

> 销售心理学一点通：遇到犹豫不决类型的客户，不要急功近利，要耐心为他们分析利弊得失，消除他们内心的疑虑，最好就是缩小可供他们选择的范围。

犹豫不决型客户做事谨慎，考虑问题全面周到，但往往患得患失，拿不定主意。他们对于产品或服务往往会从各个方面考虑利弊得失。因为他们的风险意识很强，所以也会对产品或服务显得十分挑剔，而且轻易不会做出决定。

遇到犹豫不决型客户，不要急功近利，要耐心为他们分析利弊得失，消除他们内心的疑虑，最好就是缩小可供他们选择的范围，使他们最终下定决心购买产品。

王华是一家服装加工厂业务员。一天，他打电话给一家电子厂老总，推销他的一批男性职业套装。

"我认为这些款式一定会受到男性员工的欢迎。"

"色彩如何？"

"我觉得和贵公司踏实的企业精神颇为符合。"

"是吗？"

"我觉得您不用再考虑了，您只需要在这批服装上印上贵厂的商标和名称就可以使用了。"

"唔……"

"您看，我们共有两款设计，我建议您选择 A 款，您觉得呢？"

"但是我觉得 B 款也不错。"

"B 款确实也不错，但是稍微花哨了点儿。所以我还是建议您选择 A 款。"

"就决定 A 款吧！价格优惠，质料又不错。您说呢？"

"说的也是。好吧，那就拿 A 款吧。"

"谢谢，您的选择肯定不会错的。"

上述例子中，王华只给客户提供了 A 款与 B 款服装，但当他发现这位客户是犹豫不决型客户时，就立即给他 A 款这一唯一选择的建议，这样一来才促使客户下决心购买。而对于这种类型的客户，即使与对方达成了初步的协议，也不要显得过于得意，否则他们有可能反悔。

与犹豫不决型客户谈判可以适时地扮演引导者角色，帮助客户下决心，替客户做决定。但是你要让客户觉得这是他自己做的决定，而不是你代他做的决定，亦即以不伤客户自尊心为原则。例如，你可以这样说："××先生，我以我公司 20 年积累起来的信誉做担保，这套产品的品质是绝对没问题的，您可以决定拥有一套。"

"我来帮您分析一下,您为什么要拥有这套产品?第一,这套产品是您真正需要的;第二,这套产品可以真正帮助到您;第三,这套产品不是每个人都可以拥有。"

缩小他们的选择范围,就等同于为他们设置了围栏,让顾客在你划定的范围内进行选择,然后进行合理的引导,帮助其做决定,顾客就会在你的牵引之下做出购买的决策,这样整个销售工作就可宣告完成。需要提醒的是,一定要让顾客觉得你可信,否则就会前功尽弃。

让迟疑的客户产生紧迫感

销售心理学一点通:人们往往对于常见的东西不珍惜,对于稀有的东西就珍惜不已。何况是迟疑不决的人,他们害怕丢失机会。

有的客户对商品的各方面都还基本满意,且资金上也支付得起,就是不知什么原因总迟迟不敢下定决心。这时你需要制造紧张感。

广告公司业务员小童,与客户马经理已经联系过多次,马经理顾虑重重,始终做不了决定。小童做了一番准备后,又打电话给马经理。

"喂,马经理您好,我是××公司的小童。"

"噢!是小童啊。你上次说的事,我们还没考虑好。"

"马经理,您看还有什么问题?"

"最近两天,又有一家广告公司给我们发来了一份传真,他们的广告牌位置十分优越,交通十分便利,我想宣传效果会更好一些。

另外，价钱也比较合适，我们正在考虑。"

小童一听，可能马经理又开始动摇了。

于是他向马经理发出最后的进攻："马经理，您产品的市场范围我们是做过一番调查的，而且从您的产品的性质来讲，我们的广告牌所处的地段对您的产品是最适合不过的了。您所说的另外一家广告公司所提供的广告牌位置并不适合您的产品，而且他们的价格也比我们高出了不少，这些因素都是您必须考虑的。您所看中的我们公司的广告牌，今天又有几家客户来看过，他们也有合作的意向，如果您不能做出决定的话，我们就不再等下去了。"

客户马经理听到这些话，认为小童说的有道理，最后主动约小童来公司面谈具体合作事宜。

人们往往对于常见的东西不珍惜，对于稀有的东西就珍惜不已。何况是犹豫不决型的人，他们害怕丢失机会。比如，你可以说："这是最后一批货了，以后没有了，也不会再生产了。到时，您想买也买不到了。""我是真心想帮您，但您错过了这个机会，我想帮您也帮不到了。"如此一来，产生的效果也很不错。因为迟疑的客户受不了这种紧迫感，最终就会签订合同。

对待迟疑的人，还有另外一种方法：激将法。激将法需要灵活运用，比如一个客户在面对一件昂贵的衣服而犹豫不决时，销售人员不妨说："这个衣服很贵，不适合你购买。"客户的自尊受到了挑战，他也会为了证明自己的购买能力而将衣服买下。

无论是制造紧迫感，还是激将法，都是通过积极主动地去刺激客户，调动起客户的购买欲。这在推销过程中是很重要的。如果你只是一味等待客户来与你洽谈，你的推销工作将很难成功。通过制造紧迫感，使顾客的心理在你的掌控之下，成交也就自然会变得极其容易。

充分尊重自我中心型客户

销售心理学一点通：因为以自我为中心型的客户都有强烈的自尊心，所以在同他们进行谈判时，要先迎合他们的自尊心。等他们的自尊心被满足后，再和他们谈别的问题就容易多了。

每个人都有自尊，并且渴望自己的自尊得到别人的尊重。有这样一个例子：

张总是一家公司的老板，公司的业绩蒸蒸日上，前途一片光明，而他在享受事业发展的同时，却意外感到一个一起长大的朋友正在逐渐疏远他。这位朋友和他一样，当年一起从美院毕业后，也始终在装饰行业里发展，只不过现在张总已经成了老板，而他依然只是一名不起眼的设计师。

张总是不会眼睁睁地看着这个朋友远离自己而去的。他就诚恳地请他全权负责自己公司新接受的一个大项目的设计工作，并且希望朋友能提出自己的见解。在他的诚恳邀请下，这位朋友接受了张总的请求，勤奋地工作起来，还提出了一些中肯的意见，然后再把自己设计好的图纸给他看。就这样，从那天起，他们的交情又如往日一般了。

因为在销售行为中顾客是上帝，客户的自尊心会表现得更加突出。因为以自我为中心型的客户都有强烈的自尊心，所以在同他们进行谈判时，要先迎合他们的自尊心。等他们的自尊心被满足后，再和他们谈别的问题就容易多了。

以自我为中心型的客户对自己认定的目标感兴趣，而不会对大多数电话销售产品的介绍感兴趣。你可以根据下面的一些特征来识别这类购买者：

（1）他们会和你谈论他们自己以及他们的需求。

（2）一开始他们也许拒绝和你谈话。即使他们告诉你拒绝的原因，也很可能是态度生硬。

（3）他们不会认真听你说。他们不在乎你说些什么，除非你说的与他们的计划相一致。

（4）他们不会承诺购买你的产品。在此之前他们需要相信购买的决定是自己做的，而且他们开出的条件得到了满足。

对于这种以自我为中心型的客户，在推销时就先肯定他们的观点，以迎合其自尊心，等到他们的自尊心满足以后，再利用以下的几个小窍门来激发他们对产品的好奇心与需求。另外，你还可以采取下面的办法同他们谈判：

（1）利用他们独特的需求与希望，向他们提一些与他们的需求相关的问题，不过你一定要心中有数，通过提问来强化他们的目标，从而达到你的目的。

（2）不要说无关紧要的话，也不要问一些无足轻重的问题。

（3）在他们讲话的时候不要插话，尽可能地听他们说。

（4）尽可能激发他们考虑他们自己和他们的需求。

适当启发自尊心强的客户

> 销售心理学一点通：与自尊心强的客户打交道时，运用传统的推销方法不能成功的时候，不妨去冒一次险，对骄傲的、自尊心强的客户采取启发的方式来刺激他的购买欲。

自尊心在我们的生活中很重要。在销售过程中，自尊心强的客户比比皆是。自尊心强的客户最大的弱点就是害怕失去面子。在他们眼里，面子甚至比生命都重要。因此，销售人员如果能在这类客户的面子上做文章，就会使销售变得简单起来。尤其是当被他们拒绝的时候，适当地启发一下他们，也会产生意想不到的效果。

销售人员："布尔，咱们接触的时间也不短了。我已经知道你对我们的激光打印机感兴趣，但能告诉我使你迟迟下不了决心的真正原因吗？"

客户："哦，罗博特，是这样的，今年开支太大，上司已经跟我说过，要注意办公开销，再说我办公室里那台打印机还能凑合着用，所以迟迟没有购买。"

销售人员："可你知道你办公室里那台点式字模打印机是什么型号吗？T型福特！T型的！"

客户："你说的T型是什么意思？"

销售人员："没什么，T型福特就是福特公司当年风靡一时的名车，不过早就过时了，就像你的点式字模打印机。现在还用这种古董，实在太落伍了！这点每一位到过你办公室的人都能感受到。作为办公室经理的你不这么认为吗?"

客户:"你说的是事实?"

销售人员:"难道不是吗?"

客户(沉默了一会儿):"让我考虑考虑,明天给你答复。"

第二天,这位客户打电话给销售人员说,他想用激光打印机代替他原来的那台。

案例中,罗博特为了向一位办公室经理布尔推销自己的激光打印机,费了很多口舌也没能说服他。传统的推销方法对这位客户并不适用,也就是说罗博特试图通过介绍产品的性能、特点去打动客户已经不可能了。这时候,他及时转变了策略:得知客户自尊心非常强,他决定冒一次险,采用启发的手段刺激客户的购买欲。于是当罗博特再一次打电话给这位客户时,他说:"现在还用这种古董,实在太落伍了!这点每一位到过你办公室的人都能感受到。"

这句话深深地触动了那位客户,他陷入沉思。第二天他主动打电话给罗博特说,他想用激光打印机代替他原来的那部。这样罗博特如愿以偿地赢得了这个客户。

自尊心强是许多人的通病,因此,当推销员运用传统的推销方法不能成功的时候,不妨去冒一次险,对骄傲的、自尊心强的客户采取启发的方式来刺激他的购买欲。但是,这种策略不是对所有自尊心强的潜在客户都管用,这也可能会使客户恼羞成怒。只有了解了客户的心理,准确预测客户的反应,才能险中求胜。

迂回应对态度不好的顾客

> 销售心理学一点通：在态度不好的顾客面前，要学会假装战败，然后再寻机行销。

一个打扮时髦的女人走进家电卖场，后面跟了一个五大三粗的男子。

销售人员小韩："小姐、先生您好！欢迎来到××购物广场！有什么需要帮助您的？"

男子："小姐？你叫谁小姐呢？"

销售人员小韩："哦！呵呵，是，女士！"

男子："你的态度太差了吧！"

销售人员小韩："对不起，真的很抱歉，是我的口误，今后我一定改进。"

男子："你是不是见个女人就叫人家'小姐'啊？都什么世道啊！你怎么会这么说话！"

销售人员小韩："对不起，我以后会注意的。"

男子："不要把我当作傻瓜，你们这些销售人员没一个好东西，都只会忽悠人，你老实点儿。"

销售人员小韩："我绝对没有这个意思。如果让您有这种感觉的话，我郑重向您道歉。"

男子："你说话能不能再客气一点？"

销售人员小韩："冒犯您了，真是对不起。"

男子："你懂不懂说话礼节？"

销售人员小韩:"真对不起,以后我一定注意。"

然后这个男子就被那个女子劝了几句,拉进了卖场。

销售人员小韩:"呵呵,这位帅气的大哥,实在抱歉,刚才是我的错。嗯,欢迎帅哥美女来到家电卖场,我是这里的销售人员小韩,在这里工作了3年了,因此对这个大卖场的产品非常熟悉,二位有什么疑问,我立刻帮你们解答,请问二位要买什么产品?"

男子:"嗯!看你说话挺和气,我带我女友来买一台冰箱,这样她买的很多新鲜水果就能放在冰箱里了……"

很多时候,在商场里因为鸡毛蒜皮的事情而引起很大误会甚至冲突是可能的。但这些事情往往是因为销售人员意气用事,不肯让步造成的。正所谓"生意不在人情在",销售人员要始终记清自己引导消费的职责。场景中的小韩处理事情比较稳当,没有出现什么冲突,而且"厚着脸皮"将顾客从无关的事情中引向产品销售,小韩是一位很成熟的销售人员。

作为一名销售人员确实很不容易,但你必须时刻应对各种情况,更不可意气用事与顾客顶撞,你要明白你的唯一使命就是顺利地把产品卖出去。

态度不好甚至是吹毛求疵的顾客一般疑心很重,一向不信任销售人员,片面认为销售人员只会夸张地介绍产品的优点,而尽可能地掩饰缺点,如果相信销售人员的甜言蜜语,可能会上当受骗。

必须承认,吹毛求疵的顾客的确存在,而态度不好的顾客则比比皆是。世界上没有任何事值得他们满意,而你的服务总是被抱怨成"糟糕的服务",而且,他们往往痛恨销售人员。那么你应该如何应对这样的顾客呢?

　　与这类顾客打交道,销售人员要采取迂回战术,先与他们交锋几个回合,但必须适可而止,等其吹毛求疵和生气的话说完之后,再转入销售的话题。

第二章
他山之石，可以攻玉
——不可不知的心理学效应

亲密效应：爱让推销无往不胜

> 销售心理学一点通：推销是和人打交道的工作，推销员必须具有爱心，才能得到顾客的认可。

如果成为客户信任的推销员，你就会受到客户的喜爱、信赖，而且能够和客户形成亲密的人际关系。一旦形成这种人际关系，有时客户会只因照顾你的情面，自然而然地购买商品。而要形成这种关系，就要求推销员具有爱心，注意一些寻常小事。

有位推销员去拜访客户时，正逢天空乌云密布，眼看暴风雨就要来临了，这时他突然看见被访者的邻居有床棉被晒在外面，女主人却忘了出来收。那位推销员便大声喊道："要下雨啦，快把棉被收起来呀！"他的这句话对这家女主人无疑是一种至上的服务，这位女主人非常感激他，他要拜访的客户也因此十分热情地接待了他。

有的推销员认为爱心对推销无关紧要，这是错误的观点。推销是和人打交道的工作，推销员必须具有爱心，才能得到顾客的认可。

翰森搬家后不久，还不满4岁的儿子波利在一天傍晚突然失踪了。全家人分头去寻找，找遍了大街小巷，依然毫无结果。他们的恐惧感越来越深。于是，他们给警察局打了电话，几分钟后，警察也配合他们一起寻找。

翰森开着车子到商店街去寻找，所到之处，他不断地呼唤波利的名字。附近的人们注意到他的这种行为，也纷纷加入寻找行列。

为了看波利是否已经回家，翰森不得不多次赶回家去。有一次回家看时，他突然遇到了地区警备公司的人。翰森恳求说："我儿子失踪了，能否请您和我一起去找找看？"此时却发生了完全难以令人置信的事情——那个人竟然做起了巡回服务推销表演！尽管翰森气得目瞪口呆，但那人还是照旧表演。几分钟后，翰森总算打断了那人的话，他怒不可遏地对那人说："你如果给我找到儿子，我就会和你谈巡回服务问题。"

倘若那个推销员当时能主动帮助翰森寻找孩子，20分钟后，他就可能得到推销史上最容易得到的交易。销售人员的爱心很重要。正是因为你的爱心，客户才可能信任你，进而买你的产品，使你的推销成功。

用爱心打开人们的心扉，将爱化作你商场上的护身符，爱会使你孤独时变得平静；绝望时变得振作。有了爱，你将成为伟大的推销员，有了爱，你将迈出成为精英人士的一步。

首因效应：建立有利的第一印象

销售心理学一点通：第一印象是非常重要的，一定要注意保持一种良好的第一印象。

西方有句谚语："你没有第二个机会留下美好的第一印象。"爱默生曾经说："你说得太大声了，以至于我根本听不见你在说什么。"换句话说，你的外表、声音、风度、态度和举止所传达的印象有助于使准客户在心目中勾勒出一幅反映你的本质性格的画面。

当你出现在你的准客户面前时，他们看到的是一个什么类型的人呢？他们在刹那间捕捉了一系列你的图像或快照，然后，他们将其中最重要的一些储存进自己的意识中。

有些人认为，在面谈的头 10 秒钟内就决定了这次谈话是会成功的还是将破裂。可能真是这样，我们确实根据在与一个人见面的头几秒钟内所得到的印象，快速做出对他的判断。如果这些判断是不利的，那么所有的销售都不得不首先克服这位专业推销人员在准客户心中留下的糟糕印象。另一方面，一个有利的印象肯定可以帮助做出销售，而且也不需要硬着头皮、费力地抗争准客户心中对你形成的不利的第一印象。

一位经验丰富的经理说："有一天，一个人来拜访我。他穿得就像一部著名的老剧《上午之后》中的一个角色。他开始做一个好得非同寻常的销售推介，但我老是走神。我看着他的鞋子、裤子，然后再把目光扫过他的衬衫和领带。大部分时间里我都在想，如果这位专业推销人员说的都是真的，那他为什么穿得如此落魄呢？

"他告诉我他手中有很多订单,他有许多客户,他们也购买了大量的这种产品。但他的个人外表致命地显示他说的话不是真的。我最后没有购买,因为我对他的陈述没有信心。"

专业推销人员必须给客户创造出一种好印象,因此必须有成功的外观、成功的谈吐和成功的姿态。这有助于将销售面谈成功地进行下去。

第一印象是非常重要的,一定要注意保持一种良好的第一印象。客户对你的第一印象是依据外表:你的眼神、面部表情,等等。一个人的外貌对于他本身有影响,穿着得体就会给人以良好的印象,它等于在告诉大家:"这是一个重要的人物,聪明、成功、可靠。大家可以尊敬、仰慕、信赖他。他自重,我们也应尊重他。"

只有在对方认同并接受你的时候,你才能顺利进入对方的世界,并游刃有余地与对方交往,从而把自己的事情办成和办好,而这一切的获得在很大程度上与你的外在打扮有关。

大凡给对方留下了好印象的人都善于交往,善于合作。而一个人的仪表是给对方留下好印象的基本要素之一。试想,一个衣冠不整、邋邋遢遢的人和一个装束典雅、整洁利落的人在其他条件差不多的情况下,同去办同样分量的事,前者很可能受到冷落,而后者更容易得到善待。特别是到陌生的地方办事,怎样给别人留下美好的第一印象更为重要。"人靠衣装马靠鞍",一个人若有一套好行头,仿佛把自己的身价都提高了一个档次,而且在心理上和气氛上增强了自己的信心。着装艺术不仅给人以好感,同时还直接反映出一个人的修养、气质与情操,它往往能在尚未认识你或你的才华之前,向别人透露出你是何种人物,因此在这方面稍下一点功夫,就会事半功倍。

别人对你的第一印象，往往是从服饰和仪表上得来的，因为衣着往往可以表现一个人的身份和个性。毕竟，要对方了解你的内在美，需要长久的过程，只有仪表能一目了然。

办事的顺利与否，第一印象至关重要，不讲究仪表就是自己给自己打了折扣，自己给自己设置了成功的障碍，不讲究仪表就是人为地给要办的事情增加了难度。

诚实效应：诚信最具生产力

销售心理学一点通：诚信的人最值得信任，自然会迎来数不清的订单。

在商品交易过程中，一并被交易的还有双方的诚信。90%的成功生意人都是以正直诚实著称的，而那些不诚实的人的生意最终都走向破产。

梅耶·罗斯柴尔德是赫赫有名的罗斯柴尔德家族财团的创始人，18世纪末他住在法兰克福的犹太人街道时，他的同胞们常常遭到残酷迫害。虽然关押他们房子的门已经被拿破仑推倒了，但此时他们仍然被要求在规定的时间回到家里，否则将被处以死刑。

他们过着一种屈辱的生活，生命的尊严遭到践踏，所以，一般的犹太人在这种条件下很难过一种诚实的生活。但实践证明，梅耶不是一个普通的犹太人，他开始在一个不起眼的角落里建立起了自己的事务所，并在上面悬挂了一个红盾，他将其称之为罗斯柴尔德，在德语中的意思就是"红盾"。他就在这里干起了借贷的生意，迈出了创办横跨欧陆的巨型银行集团的第一步。

当兰德格里夫·威廉被拿破仑从他在赫斯卡塞尔地区的地产上赶走的时候，他还拥有500万的银币。威廉把这些银币交给了梅耶，并没有指望还能把它们要回来，因为他相信侵略者肯定会把这些银币没收的。

但是，梅耶非常聪明，他把钱埋在后花园里，等到敌人撤退以后，就以合适的利率把它们贷了出去。当威廉回来时候，等待他的是令他喜出望外的好消息：梅耶差遣他的大儿子把这笔钱连本带息送还了回来，并且还附了一张借贷的明细账目表。

在罗斯柴尔德这个家族的世世代代当中，没有一个家庭成员为家族诚实的名誉带来过一丝污点，不管是生活上的还是事业上的。

诚实的声誉与由欺骗暂时所获得的好处相比，其价值高千百倍！商业社会中，最大的危险就是不诚实与欺骗。往往在经济萧条时，人们更喜欢利用投机取巧的方法，欺骗顾客，不讲真话或是把应当说的真话秘而不宣。但他们没有想到，虽然这样的做法暂时在金钱上赚了一些，可是商人的人格和信用却因此丧失殆尽，这终将损害他们的长远利益。

庞飞是一位图书推销员，一次他到顾客那里去结一次已欠四个月的账款。顾客给他3318元的书款。庞飞觉得关系好，不好意思当着面数，所以当面没有数。回来后，他清理账款时，发现上午结的那笔款里多了100元钱。当他确认多了100元钱时，马上就打电话给顾客，说："不好意思，我疏忽大意多收了您 100 元钱，现在马上给您送过去。"说着就往客户那里赶。当时已是晚上 10 点了，还下着雨，当他赶到顾客那里时已经是晚上 11 点多了，顾客在办公室等。见到庞飞时顾客说："庞飞，老实说，我比你先发现我多付了你 100 元钱，但没有给你打电话，我想看看你会怎么做，你是好样的。"

这个顾客自然就成了庞飞的忠实顾客。

诚信是做人的根本，也是行销的重要准则。诚信具有生产力，当你被客户认为值得信任的时候，你所销售的产品就比竞争对手具有竞争优势。并且诚信是有连续效应的，当客户一旦认为你诚信可信，那么他将在很长一段时间内对你信任，从而使你的销售得到多次成功。

开场白效应：成功的自我介绍

销售心理学一点通：一个成功、出色的自我介绍能让客户对我们刮目相看，并以一种愉快的心情接受下面的交谈。

交往是相互的，而销售则是销售人员主动地与客户交往，因而，让客户知道"你是谁"的时候，就是"销售你自己"，即介绍的时候。那么，如何才能成功地介绍自己呢？这就要看销售人员是否能表现得从容不迫，是否懂得随机应变、切中交往的要害，以及因不小心说了引起客户疑问的话或问题该如何巧妙挽回等。

自我介绍是结识客户的开始，而以下 5 条准则会给人以信任感：

（1）必须镇定而充满自信。一般人对具有自信心的人，都会另眼相看，因此产生好感。

曾经有人问一位销售大师是如何与那些很少有销售人员能够接近的人做成那么多生意的，他这样回答："我走进客户办公室时不会蹑手蹑脚，而是像走进自己的办公室一样，也不会做出任何可能被踢出去或者被拒绝的表情。我会尽可能以最果断和威严的方式，直接走到他面前做自我介绍，因为我深信我一定能够给他留下良好的印象，这样他就能够愉快地记住我，即便我不能得到他的订单。

"结果，那些很难接近的人经常会把他们拒绝别人的那些业务给我，因为我不害怕接近他们，并且把自己当成好消息的传递者，愉快地说出我想说的话。"

（2）表示自己渴望结识、对结识有一种荣幸感。如果你的态度热诚，也同样会达到对方报以热诚的效果。

（3）在做自我介绍时，应该善于用眼神和微笑去表达自己的友善、关怀及渴望沟通的愿望。

（4）在获知对方的姓名后，不妨口头加以重复一次；重复他人姓名，会使他有自豪感和满足感。

（5）清晰地报出自己的姓名及身份。一个含糊不清的自我介绍，会使人感到你不能把握自己，对方便会对你有所保留，彼此间的沟通便有阻隔。

一个成功的自我介绍将决定客户对我们的第一印象，并影响沟通、销售的进展。一个成功、出色的自我介绍能让客户对我们刮目相看，并以一种愉快的心情接受下面的交谈。此时，成交的概率要远远大于一个糟糕的开始。

存异效应：尊重客户的意见

> 销售心理学一点通：有多少种人就会有多少种观点，我们没有资格去要求他人的看法与我们步调一致，尊重客户的意见，不仅能为我们赢得客户的尊重，同时也是好修养的体现。

拜访客户或平时交往时，谈论到一些话题常常会发生意见分歧，尤其是针对产品本身的性能、外观等。遇到这样的情况我们该如何应对呢？是凭借我们的专业知识驳倒客户，还是一味地迁就顺从他们？恐怕都不是最佳解决办法。

克洛里是纽约泰勒木材公司的销售人员。他承认，多年来，他总是尖刻地指责那些大发脾气的木材检验人员的错误，他也赢得了辩论，可这一点好处也没有。因为那些检验人员和"棒球裁判"一样，一旦判决下去，他们绝不肯更改。

克洛里虽然在口舌上获胜，却使公司损失了成千上万的金钱。他决定改变这种习惯。他说："有一天早上，我办公室的电话响了。一位愤怒的主顾在电话那头抱怨我们运去的一车木材完全不符合他们的要求。他的公司已经下令停止卸货，请我们立刻把木材运回来。在木材卸下25％后，他们的木材检验员报告说，55％的木材不合规格。在这种情况下，他们拒绝接受。

"挂了电话，我立刻去对方的工厂。途中，我一直思考着一个解决问题的最佳办法。通常，在那种情形下，我会以我的工作经验和知识来说服检验员。然而，我又想，还是把在课堂上学到的为人处世原则运用一番看看。

"到了工厂,我见购料主任和检验员正闷闷不乐,一副等着抬杠的姿态。我走到卸货的卡车前面,要他们继续卸货,让我看看木材的情况。我请检验员继续把不合格的木料挑出来,把合格的木料放到另一堆。

"看了一会儿,我才知道是他们的检查太严格了,而且把检验规格也搞错了。那批木材是白松,虽然我知道那位检验员对硬木的知识很丰富,但检验白松却不够格,而白松碰巧是我最内行的。我能以此来指责对方检验员评定白松等级的方式吗?不行,绝对不能!我继续观看,慢慢地开始问他某些木料不合格的理由是什么,我一点也没有暗示他检查错了。我强调,我请教他是希望以后送货时,能确实满足他们公司的要求。

"以一种非常友好而合作的语气请教,并且坚持把他们不满意的部分挑出来,使他们感到高兴。于是,我们之间剑拔弩张的气氛消散了。偶尔,我小心地提问几句,让他自己觉得有些不能接受的木料可能是合格的,但是,我非常小心不让他认为我是有意为难他。

"他的整个态度渐渐地改变了。他最后向我承认,他对白松的检验经验不多,而且问我有关白松木板的问题。我对他解释为什么那些白松木板都是合格的,但是我仍然坚持:如果他们认为不合格,我们不要他收下。他终于到了每挑出一块不合格的木材就有一种罪恶感的地步。最后他终于明白,错误在于他们自己没有指明他们所需要的是什么等级的木材。

"结果,在我走之后,他把卸下的木料又重新检验一遍,全部接受了,于是我们收到了一张全额支票。

"就这件事来说，讲究一点技巧，尽量控制自己对别人的指责，尊重别人的意见，就可以使我们的公司减少损失，而我们所获得的良好关系，是非金钱所能衡量的。"

尊重客户的意见并不是要抹杀我们的观点与个性，而是指对方陈述其意见时切勿急于打击、驳倒。礼貌地尊重胜过激烈的雄辩。有多少种人就会有多少种观点，我们没有资格去要求他人的看法与我们步调一致，尊重客户的意见，不仅能为我们赢得客户的尊重，同时也是好修养的体现。

我们有什么理由不接纳他人的不同意见呢？而且有时因为我们的激烈辩驳，常引发客户强烈的逆反心理与厌恶心理，眼看着能成功的合作也会因此而搁浅。多一份包容心，多一点尊重，最终获益的总是我们自己。

权威效应：以精确数据说服客户

销售心理学一点通：用精确的数据来打消客户的疑虑，可以增强客户对产品的信赖。

在与客户沟通的过程中，你是否经常会为这样的问题产生苦恼：自己已经将产品的基本信息传达给了客户，而且没有一丝虚伪和夸张，可是客户看上去仍然不相信自己。客户到底在担心什么呢？不要说销售人员难以理解，就连客户自己可能都不太清楚。

面对难以理解的客户质疑，有时，即使销售人员反复强调产品的种种优势都无济于事。这时，建议你考虑运用精确的数据来打消客户的疑虑，你将会惊奇地发现运用精确具体的数据等信息说明问题，可以增强客户对产品的信赖。例如，你对客户这样说，"试验证明，我们公司的产品可以连续使用5万个小时而无质量问题"，"这种品牌的电器在全国21个市级以上地区的销量都已经超过了160万台"，"的确，儿童食品尤其要讲究卫生，我们公司生产的所有儿童食品都经过了12道操作严格的工序。另外，在质量监督机构检查以前，我们公司已经进行过了5次内部卫生检查"。

现在，很多商家都意识到了这种方法在销售中的巨大作用，所以各大商家在广告宣传中也引用了精确的数据说明。例如某日用化妆品公司某些产品的广告宣传：

××浴液："经过连续28天的使用，您的肌肤可以白嫩光滑、富有弹性。"

××洗发水："可以经得住连续7天的考验。"

××牙膏："只需要14天，你的牙齿就可以光亮洁白。"

随着市场经济的进一步深入发展，现在的客户沟通中，"拿出证据来"已经越来越被人们重视了，因为证据是最能让别人相信的。

国外一家著名管理咨询公司的资深顾问刘易斯就是一位善于运用数字销售策略的典范。

有一天，刘易斯在推销厨房用的节燃成套厨具时遇到一个被称为"老顽固"的老人，那个"老顽固"当时就直接告诉刘易斯，即使刘易斯的炊具再好他也不会买。

于是第二天刘易斯又专门去拜访了这个"老顽固"。当他见到这位"老顽固"时,便从身上掏出一张1美元的钞票撕了,撕完之后问这位"老顽固"是否心疼。老人说:"你把1美元白白地撕掉,我怎么不心疼呢?"接着他又掏出一张20美元的钞票撕了,撕完之后没舍得扔掉,装进了自己的口袋,然后问:"你还心疼吗?"老人说:"我不心疼,那是你的钱,如果你愿意你就撕吧!"

刘易斯立即说了一句让老人摸不着头脑的话,他说:"我撕的不是我的钱,而是你的钱呀。"老人感觉到很奇怪,问道:"你撕的怎么是我的钱呢?"这时刘易斯从身上掏出一个本子,在上面边写边说道:"你昨天告诉我你家里一共6口人,如果用我的厨具,每一天你可以节省燃料费1美元钱,是不是?"老人说:"是的!但那有什么关系呢?"

刘易斯继续说:"我们不说一天节约1美元,就按每天0.5美元来计算。一年有365天,我们就按360天计算。你告诉我你已经结婚23年了,就按20年计算吧。这就是说在过去的20年里你没有用我的厨具,这样你就白白浪费了3600美元,难道你还想在未来的20年里再撕掉3600美元吗?"

听到这么惊人的数字后,这个"老顽固"便毫不犹豫地买下了刘易斯的厨具。

采用数据和客户沟通的确能收到事半功倍的效果,但是满足准客户的销售重点是不尽相同的,因此,你必须针对所售商品的销售重点,找出证明它是事实上的最好方法。

证明的方法有很多,下面几种方法可供你参考:

1. 实物展示

　　实物是最好的一种证明方式，商品本身的销售重点，都可透过实物展示得到证明。

2. 利用权威机构的证明

　　权威机构的证明自然更具权威性，其影响力也非同一般。当客户对产品的质量或其他问题存有疑虑时，销售人员可以利用这种方式来打消客户的疑虑。例如："本产品经过××协会的严格认证，在经过了连续9个月的调查之后，××协会认为我们公司的产品完全符合国家标准。"

3. 专家的证言

　　你可收集专家发表的言论，证明自己的说辞。

4. 客户的感谢信

　　有些客户由于对你公司的服务或帮助客户解决特殊的问题深表感谢，而致函表达谢意，这些感谢信都是一种有效证明公司实力和服务的方式。

　　另外，在与客户的沟通中还应注意，很多数据都是随时间和环境的改变不断发生变化的，比如产品销量和使用期限等。为此，你一定要准确把握数据变化，力求给客户提供最准确、最可靠的信息，就像一些非常知名的推销人员所相信的那样：如果能用小数点以后的两位数字说明问题，那就尽可能不要用整数；如果能用精确的数字说明情况，那就最好不要用一个模糊的数字来应付别人。

剧场效应：将消费者带入剧情之中

销售心理学一点通：通过感性思维的形式有步骤地建立起一种氛围，在一种良好的销售氛围，让客户采取决策步骤。

某家公司经销一种新产品：适用于机器设备、建筑物清洗的洁神牌清洗剂。老板布置任务后，大家纷纷带着样品去拜访顾客。

依照过去的经验，销售员向顾客推销新产品时最大的障碍是：顾客对新产品的性能、特色不了解，因而不会轻易相信销售员的解说。但销售员赵中却有自己的一套办法。

他前去拜访一家商务中心大楼的管理负责人，对那位负责人说："您是这座大楼的管理负责人，您一定会对既经济效果又好的清洗剂感兴趣吧。就贵单位而言，无论是从美观还是从卫生的角度来看，大楼的明亮整洁都是很重要的企业形象问题，您说对吧？"

那位负责人点了点头。赵中又微笑着说："洁神就是一种很好的清洗剂，可以迅速地清洗地面。"同时拿出样品，说道："您看，现在向地板上喷洒一点清洗剂，然后用拖把一拖，就干干净净了。"

他在地板上的污迹处喷洒了一点清洗剂。清洗剂渗透到污垢中，需要几分钟时间。为了不使顾客觉得时间长，他继续介绍产品的性能以转移顾客的注意力。"洁神清洗剂还可以清洗墙壁、办公桌椅、走廊等处的污迹。与同类产品相比，洁神清洗剂还可以根据污垢程度不同，适当稀释，它既经济方便，又不腐蚀、破坏地板、门窗等。您看，"他伸出手指蘸了一点清洗剂，"连人的皮肤也不会伤害。"

说完，销售员指着刚才浸泡污渍的地方说："就这一会儿的工夫，您看效果：清洗剂浸透到地面上的坑洼中，使污物浮起，用湿布一擦，就干净了。"随后拿出一块布将地板擦干，说："您看，多干净！"

接着，他又掏出白手绢再擦一下清洗干净的地方："请您看，白手绢一尘不染。"再用白手绢在未清洗的地方一擦，说："您看，脏死了。"

赵中巧妙地把产品的优异性能展示给顾客看，顾客为产品优异的性能所打动，于是生意成交了。

心理学上有个概念叫"剧场效应"，人在剧场里看电影或看戏，感情与意识容易被带入剧情之中；另外，观众也互相感染，也会使彼此感情趋于相对一致。因而，一些聪明的销售员把"剧场效应"运用到推销活动中，同样取得了较好的效果。他们当众进行产品演示，边演示边解说，渲染了一种情景氛围，直接作用于潜在顾客的感性思维，让那些本来有反对意见的人和拒绝该产品的人在感性思维的影响下，受到不易察觉的催眠，最终做出购买的决策。

就像这个场景中的清洗剂销售员，面对顾客对产品不熟悉的情况，没有单纯地采用"说"的推销方法，而是发挥了自己的感性思维优势，一边为顾客演示产品一边解说，把产品的性能充分展示给潜在客户，当顾客感知到这确实是一种好产品时，他实际上已经被催眠了，成交也就是毫无悬念的事情了。

其实，销售员演示的过程完全出自于理性思维的周密计划，它通过感性思维的形式有步骤地建立起一种氛围，在一种虚化的催眠感觉中，让客户采取决策步骤。

好的演示常常胜过雄辩。在推销过程中,如果能让顾客亲自做示范,那你就不要动。让顾客做,把他们置身于情景当中,这同样是非常有效果的方法。

竞争效应:告诉他别人也买你的东西

> 销售心理学一点通:在推销中善用榜样,那种离现实生活不太遥远的榜样更要利用起来,比如顾客认识的人,甚至是他的亲戚、邻居。

你知道反馈意见的另一个重要意义吗?换句话说就是在推销的时候,告诉他别人也买你的东西。机敏的推销员把它幻化成了一个榜样,搬到了推销谈判桌上。

"××先生,我很高兴您提出了关于××的问题。这是因为我们在××方面作了调整。因为我们的设计师认为,在经过这样的变化之后,更有××作用,虽然××,但它能够在××方面节约您的成本与开支。"

如果客户说:"你们的××产品定价太高,我们可负荷不了。"这也就是告诉你:"我们的要求其实很低,不需要支付这么昂贵的价格。"发生这种事情时,我们没有必要非得强调我们的价格定得多么合理,这样容易发生口角,伤害与客户之间的感情。

你可以换一种方法用柔和的语气说:"我能理解您此时的感受,××先生,在××公司工作的B先生给我们寄来了感谢信,他说到我们公司产品的一些优点,如果您需要,我可以给您看一看他给我们的来信。"这时,毕竟客户也处在犹豫不决的时刻,他也希望有成功应用该产品的案例。

人们在购买商品时，常常有模仿他人的举动，推销员都会利用这一点。商场营业员对顾客说："买这种型号电冰箱的人挺多，我们平均每天要销出50多台，旺季时还需预订才能买到现货。"

家具厂厂长对采购员介绍本厂产品市场销售情况："这个月到今天为止，我厂已同100多家用户签订了供货合同，他们有来自本地的，也有远道从外省赶来的。瞧！这就是他们的订货合同。"

顾客在购买商品之前，会对商品持有一定怀疑态度，但对于有人使用并具有相当好处的物品，顾客就比较放心和偏好。推销员有效利用这一点，会大大提高业务效率，因为借助于已成交的一批顾客去吸引潜在顾客，无疑增强了推销论证的说服力。尤其是已成交的顾客是非常知名的人物时，你的说服就更加有力量了。

乔思转行成为一家珠宝店的推销员，有一次，他到北方一个小城去推销玉镯，当时很多人都笑话他，因为那个地方的人终年都穿着长袖，手臂很少外露，所以，这个地方的人并没有戴玉镯的习惯和喜好，如果到这里去卖玉镯手链这样的装饰品，他的大脑肯定有问题。

刚好当时有一位著名歌手到这个城市演出，他灵机一动，通过关系，送了那位大歌星一对玉镯，唯一的要求就是在演出的时候，一定要戴上。在演出场上，皓臂玉镯相得益彰，一下子吸引了不少人。而且，在演出中，那位明星更换了多套衣服，有长袖也有短袖，但她一直戴着那对玉镯，而无论她穿什么样的衣服，玉镯的光芒总是忽隐忽现地透露出来。

接下来,他的推销工作开始了,事实上,推销工作已经开始一大半了,因为他在推销时说:"瞧,那晚××歌手演出时戴的就是这对玉镯,相信你戴上也能和她一样美丽动人。"

很快,那座城市掀起了一阵佩戴玉镯的风潮,乔思的推销工作自然也获得了巨大成功。

在推销中善用榜样,那种离现实生活不太遥远的榜样更要利用起来,比如顾客认识的人,甚至是他的亲戚、邻居。

一位图书公司推销员对客户说:"王主任,你认识县商业局教育科科长老李吗?他刚从我这里买了500本书,我想你们县物资局跟他们那儿情况差不多,也迫切需要有关市场经营与企业管理方面的书籍,你说是吗?"

一位推销家用小电表的促销员向顾客介绍产品时,总是这样开头的:"我看你邻居家安装的就是这种型号的电表,可省电啦!"无论这笔生意是否谈成,但这样的宣传在顾客心目中会留下很深的印象,自然会对推销的产品引起注意。

现实生活中的榜样太多了,你应该多用心去发掘,必要时候就把他们"抬"出来,他们的说服力估计比你直接费尽唇舌要强得多。

光环效应:塑造自己的魅力

销售心理学一点通:许多具有世界性影响力与传播力的企业家,都是经过长时期的修炼、包装与宣传,才形成光彩夺目的形象的。

据说玛丽莲·梦露死后,有一位收藏家买到了一只她的鞋子,他把这只鞋子拿到市场上去展示,参观者如果想闻一下,须出100美元的高价,但愿意出钱去闻的人竟然络绎不绝。玛丽莲·梦露的鞋子为什么有那么大的魅力呢?答案就是"光环效应"。

"光环效应"是指由于对人的某种品质或特点有清晰的知觉,印象较深刻、突出,从而爱屋及乌,掩盖了对这个人的其他品质或特点的认识。这种强烈知觉的品质或特点,就像月晕形成的光环一样,向周围弥漫、扩散,所以人们就形象地称这样一种心理效应为"光环效应"。

其实,在我们的日常生活里,"光环效应"的例子数不胜数。

拍广告的多数是那些有名的歌星、影星,明星推出的商品更容易得到大家的认同。

一个作家一旦出名,以前压在箱子底的稿件全然不愁发表,所有著作都不愁销售,这又是为什么呢?为什么知名人士的评价会使人不由自主地产生信任感?为什么那些迷信权威的人,即使觉得没有什么值得借鉴之处或者有许多疑问,但只要是权威部门或权威人士的话就会全盘接受?为什么外表漂亮的人更受人欢迎,更容易获得他人的青睐呢?

推销员在发展会员时往往会说"著名演员×××也加入了我们的俱乐部"等,这为什么往往都能奏效呢?所有问题的答案都可以用心理学上的"光环效应"解释:当一个人在别人心目中有较好的形象时,他会被一种积极的光环所笼罩,从而被赋予其他各种良好的品质。

由于"光环效应"可以增加人们对未知事物认识的可信度和说服力。上面提到的梦露的鞋子的事件,可谓是"光环效应"发挥作

107

用的极致了。但即使是在强调个人意识的今天，光环效应也并不因为人们追求个性化的行动而减弱。

人们对艺人的追捧就是一个很典型的例子。很多人因为喜欢一个歌手或演员而极力地去模仿，从服装、发型到说话做事的方式，无一不是竭尽全力模仿。

当时迈克尔·杰克逊的演唱会，票价会炒到几百美元甚至几千美元以上，花这么多钱所听到的和看到的其实际效果并不比电视里的好，但是许多人还是为能亲自感受一下演唱的现场氛围而一掷千金。

因为"光环效应"无处不在，这就需要我们努力塑造新形象。许多具有世界性影响力与传播力的企业家，都是经过长时期的修炼、包装与宣传，才形成光彩夺目的形象的。

艾斯蒂·劳达是世界化妆品王国中的皇后。她拥有几十亿美元的化妆品王国，是世界化妆品领域的一股主要势力。但艾斯蒂出身贫穷，并没有受过多少教育。

最初，她以推销叔叔制作的护肤膏起家。为了使自己的产品能够多销售一些，她不得不走街串巷。后来，她决定将产品定位于高档次之列。可是，起初她的推销却没有什么效果。后来，她终于忍不住问一个拒绝购买产品的客户：

"请问，您为什么拒绝购买我的产品呢？是我的推销技巧有什么问题吗？"

那位女士说道："不是技巧有问题，推销要什么技巧？如果我觉得你在展示技巧，我就会将你赶出去。是你这个人不行。你根本就是一个低档次的人，让我怎么相信你的产品就是高档次？"

这位女士的话明显带有轻视甚至污辱，但聪明的艾斯蒂兴奋异常，认为自己找到了问题的关键：那就是产品的高档次推销，首先在于推销人，也就是自己的高档次。她想，换成自己也会是这样，推销人员本身的档次不高，自己也确实会怀疑产品的品位与档次。于是，她决心对自己的形象进行精心改造、包装。

她学习富贵名门和上层妇女，像她们一样穿着打扮，模仿她们的举止，使自己显得更加高贵，更能够打入上流社会。

不久，她认识到自信对于形象创造的重要意义："自信创造美丽。"于是，她对自己的塑造便不仅仅在于外表，而更在于内心，即加强对自己自信心的培育。最终，她让自己成为有教养而优雅的美容女士，她的角色甚至已经偏离了现实。

经过有系统的自我训练，艾斯蒂·劳达的形象光芒四射，她的魅力不可抵挡。贵妇们觉得艾斯蒂比她们更像贵族，她们欣赏艾斯蒂出众的美丽、高贵的气质、优雅的谈吐，更相信这样的女士会诚信、可靠，会给自己同样的美丽。于是，艾斯蒂出入上流社会，为贵妇们化妆，推销自己的产品。她让别人介绍最有影响力的女主人，然后她便会千方百计找到这人去推销。她的化妆品很快风靡一时，她的生意也越做越大。

由于自己从形象魅力中得到有益的经验，她后来十分注重公司产品推销员的形象培训。公司的推销员都由她亲自培训，她要求他们漂亮、文雅、自信，全心致力于艾斯蒂美容品的推销。最终，这些推销员发展到15万名。这15万名美丽大使走进千家万户，以其不可抵挡的魅力推销着艾斯蒂·劳达的产品。艾斯蒂的化妆品王国从此建立。

软件英雄比尔·盖茨也非常注重自己的形象。他曾经请专家对自己的形象进行设计、包装与宣传。

有一次,他将要在拉斯维加斯发表演讲。但是,演讲并不是盖茨的长项。为了使自己以更好的形象出场,使自己的演讲产生更大的影响力与传播力,比尔·盖茨专门请来了演讲博士杰里·韦斯曼为自己的演讲作指导。

韦斯曼在演讲辅导方面是一位专家,经验非常丰富,曾经帮助几个电脑公司的高层经理克服对演讲的恐惧感。他从盖茨的演讲词到手势、表情,都做了重新设计,他们在一起排练了12个小时。盖茨演讲时,熟悉盖茨的人都非常吃惊。只见盖茨一改往日懒散随意的形象,穿了一套昂贵的黑西服。他那尖锐的嗓音虽然无法改变,但丝毫没有影响到他的演讲。

结果,这场主题为《信息在你的指尖上》的演讲传遍美国,获得了巨大的成功。而盖茨的形象魅力值也迅速得到提升。

"光环效应"是个人主观推断泛化和扩张的结果。由于"光环效应"的作用,一个人的优点或缺点一旦变为光圈被夸大,其他优点或缺点也就退隐到光圈背后了,甚至可以达到爱屋及乌的程度。所以我们一定要打造好自己的形象,使自己富有魅力、气质,即便是客户看不上我们的产品,但一定要其对我们的"人"留有好印象。

瞬间效应：个人品牌很重要

> 销售心理学一点通：人假如有了品牌的影响力，就如同老虎长了翅膀一般。

美国著名家电公司惠尔普执行总裁惠特克说："如果我们拥有客户忠诚的品牌，那么这就是其他竞争厂家无法复制的一个优势。"可口可乐的老板也曾经说："如果一天早上醒来，可口可乐公司被大火烧了个干净，但仅凭'可口可乐'这四个字，一切就可以马上重新开始。"

他们讲的都是品牌的影响力。

对于一个人而言，个人品牌的影响力同企业产品品牌的影响力一样重要。美国管理学者华德士提出，21世纪的工作生存法则就是建立个人品牌的影响力。他认为，不只是企业、产品需要建立品牌影响力，个人也需要在职场中建立个人品牌影响力。那么，个人品牌影响力的含义是什么？具体而言，个人品牌影响力有几个特征：

第一，个人品牌影响力最重要的就是品质保障。这体现在两方面，一方面是个人业务技能上的高质量；另一方面是人品质量，也就是既要有才更要有德。一个人，仅仅工作能力强，而道德水平不高是不可能建立个人品牌的影响力的。

第二，个人品牌的影响力讲究持久性和可靠性。建立了个人品牌的影响力，就说明你的做事态度和工作能力是有影响力的，也一定会为企业创造较大的价值。这样的人是让人信任和放心的。

第三，品牌影响力的形成是一个慢慢培养和积累的过程。任何产品或企业的品牌不是自封的,而要经过各方检验、认可才能形成。对个人品牌而言,也不是自封的,而是被大家所公认的。

第四,个人一旦形成品牌影响力后,他跟职场的关系就会发生根本性变化。像一个企业一样,如果有了品牌影响力,它做任何事就会相对容易一些。同样对个人来讲,一旦建立了品牌,工作就会事半功倍。

建立个人品牌影响力是职业生涯上的一次科学规划,在建立的过程中,我们还要注意以下几点:

首先,个人品牌不是十项全能,要了解自己的局限与弱点。很多人以为要装得什么都懂,才容易建立个人品牌。其实一个品牌不可能是所有领域的品牌,个人品牌一定要专注于某一领域。一个经常变换工作的人是不容易形成个人品牌的。

其次,品牌影响力往往跟忠诚连在一起,个人要忠诚于自己所从事的职业。一个人可以换工作但不能经常换职业,那样成不了专家,也很难建立个人品牌。

最后,建立个人品牌影响力一定要注意自己的言行,言行一致,才会形成良好的品牌。俗话说,好事不出门,坏事传千里。当然工作中会有失误,但在个人品质上一定要注意,一旦有了任何闪失就会造成终身污点,对建立个人品牌非常不利。

因为,个人品牌的特点主要是对个人能力和影响力的呈现,其传达以及效应与一个人才的厚积薄发密不可分,在职场中是具有识别性和稀缺性的。人才有了品牌的影响力,就如同老虎长出了翅膀,所以个人品牌的影响力不是一个人简简单单的姓名,而是在职场中的信赖标志。

进门槛效应：先敲开客户的门

> 销售心理学一点通：一个推销人员直接提出销售目的的时候，很容易遭到别人的抵触，我们要学会先撬开客户的门。

张女士在谈到自己的丈夫时，这样说道：

我丈夫以前十足是个大男人主义的奉行者，什么"男主外，女主内"，"君子远庖厨"的观念，根深蒂固，举凡家务事一概不动手。

因此，任凭我下班后忙进忙出，既要忙着淘米下锅准备晚餐，又要趁着空当去做一些非做不可的琐碎事。而他，视若无睹，老太爷似的躺在沙发里，看报、打盹，好不逍遥！偶尔还会扯着喉咙叫你动作快点，他饿坏了，等等。这情景，看在眼里，肚子里一股怒气直往上冒。

后来我想了一个对策。一天早上，他要出门上班时，我告诉他："晚上你都比我早回家，麻烦你帮我把电锅的开关按下，好不好？刚才我已经把米洗好放在电饭锅里了，只要你回来，按一下开关就好。"不知道他到底听进去了没有，但是那天下班后，果真电饭锅的饭已煮好。

嗯！好的开始是成功的一半。于是信心大增，急忙趋前向他道谢一番。这样连续了几天，每天我回到家里，总是看到电饭锅已冒着热气。每次，我总要向他说些感激的话。诸如："要不是你早些煮，我们恐怕很晚才有饭吃""要不是你肯帮忙，我又忙得一点胃口也没有了""谢谢你帮我忙，所以我今天准备了一道特别好吃的菜"，等等。

后来有一天，我故意把米淘洗好，放在电饭锅旁。下班后，刚进门，先生劈头就说："你怎么忘了把米放进电饭锅里？"我偷瞄了一下电饭锅，只见电饭锅已滴滴嘟嘟地冒水汽了，暗中高兴一番。然后转头向他认错，道谢。

此后我索性把米量好，放在水槽边，等他回来洗米下锅，倒也没听他提出抗议。这样实行了一段时日，我放胆进行下一步动作。

一天，我又匆匆出门，忘了把该做的量米工作做妥。结果，下班后，只见先生特地提醒我："你今天一定忘了量米吧！我已经帮你把饭煮好了！"言下之意，好似帮了天大的忙，我又是忸怩又是惊喜地（装的）说了一些感激的话。说也奇怪，从此以后，淘米下锅的工作自动落在他身上了。

此一大功告成之后，我又如法炮制，进行其他项目。总算运气好，没让他瞧出破绽。如此，不但自动洗米下锅，有时连一些家常菜他都会做好，等我回家共同品尝呢！昨晚，李太太来我家，看见先生正忙着拖地板，羡慕道："你真有福气，先生还肯帮你做家务事，好体贴！"我顺水推舟地说："是啊！当时要不是看上这点，才不肯嫁他呢！"转眼瞧见丈夫一脸陶醉的模样，叫我又好笑又爱怜，其实，他哪儿知我的秘密！

进门槛效应是美国社会心理学家德曼与弗雷瑟于 1966 年在做无压力屈从登门槛技术的现场实验中提出的，是指一个人一旦接受了他人的一个微不足道的要求，为了避免认知上的不协调，或想给他人以前后一致的印象，就容易接受更高更大的要求。故事中的张女士就是运用的这个效应让丈夫由不做家务到最后乐衷于做家务。

进门槛效应启示我们，应当采用循序渐进的方法，对他人的心理承受能力认真加以分析、考虑，不能一下子向别人提出过高的要求，否则会欲速不达，事倍功半。

　　在说服别人时，我们可以采用这个心理效应。说服一个人的原因是因为你和他的目标有差距。如果这个差距不大，直接说明理由，还是可以达到说服目的的。但是如果这个差距很大的话，你直接开口，只能遭到强烈的抵触，再回转难度就大了。这时采用进门槛效应对你的说服很有利。

第三章

察言观色洞察人心

——读懂客户话语背后的心理潜台词

听出对方谈话的重点

> 销售心理学一点通：能否听出客户谈话的重点，决定着行销能否成功。

能听出对方的谈话重点，是一种能力，也是成功的商务沟通的关键之一。这就要求我们在沟通中，不仅要集中精力认真倾听，更要认真思考。在思考的过程中，你可能会发现一些问题，也许这些问题正是决定着沟通是否成功的关键。我们来看下面一个案例：

王老板："喂？"

业务员："您好，请找一下王老板。"

王老板："我就是。"

业务员："王老师，我是塞尔摩公司的业务员小李。上周我跟您谈过我们公司的拳击手套正在优惠促销。"

王老板:"谁啊?"

业务员:"我跟您谈过拳击手套'买十得十二'的优惠。您还记得吗?"

王老板:"喔,是的。当然,我记得你。今天找我有什么事?"

业务员:"您要我今天再与您联系。我想知道您需要多少打?最有利的销售点是十打。"

王老板:"货物是从哪里装运的?"

业务员:"广州的总公司。但别担心,我们会依照订单指示慎选货品。"

王老板:"广州?交付的货要多久才能运达我这边?"

业务员:"哦,我确信不会太久的。好了,那我要运多少打手套给您呢?"

王老板:"下周四我有一次销售会。货能在这之前运达吗?"

业务员:"可能会。而我相信您仍记得我们提供给您首次订货额外三十天的列账期。现在您需要多少打呢?"

王老板:"我想知道货品的准确运送日期。"

业务员:"今天我一接获订单,他们将在今晨就开始处理。您要这批货都是同一种颜色的吗?"

王老板:"小李,让我告诉你吧。最好你在下周尽早给我回电吧。目前我真的不缺手套,下周当我售完后,我会再检查看看我的存货情形。"

电话就这样挂断了。

在电话里,业务员小李只想着与王老板签订合同,却不去认真思考王老板的话,而且每次都是答非所问。比如,王老板在电话里问小李:"下周四有一次销售会,货能在这之前运达吗?"这已经表明在销售会上,手套方面可能没有足够的货,而小李却不断地和王老板说一些不是他想知道的事,最终只能失去这个客户。

在沟通中发现的问题,需要客户进行确认的,你应当及时让客户确认;需要认真核对的,应当及时核对。比如你可以这样说:"您这句话的意思是……我这样理解对吗?""按我的理解,您是指……""您能再详细说说吗?"这些话语的运用,同样使客户有一种受尊重的感觉,当然,最主要的作用还是深层次地了解客户谈话的意图。

在商务沟通中,不管是电话方式,还是面对面沟通,客户都能从你的反应中判断出你是否在认真倾听。所以,你不仅要集中精力倾听,还要对客户所说的话进行思考,抓住重点。

莫被"考虑一下"所欺骗

销售心理学一点通:客户说他要再考虑一下,就等同于他在对你拒绝,这时你需要做的不是等待他考虑后的结果,而是以更加积极的心态去争取。

在推销员进行建议和努力说服或证明之后,客户有时会说一句:"知道了,我考虑看看。"或者是:"我考虑好了再跟你联系,请你等我的消息吧!"顾客说要考虑一下,是什么意思?是不是表示他真的有意购买,还是现在还没考虑成熟呢?

如果你是这么认为,并且真的指望他考虑好了再来购买,那么你可能是一位不合格的推销员。其实,对方说"我考虑一下",乃是一种拒绝的表示，意思几乎相当于"我并不想购买"。

要知道，推销就是从被拒绝开始的。作为一名推销员，当然不能在这种拒绝面前退缩下来，正确的做法应该是迎着这种拒绝顽强地走下去，抓住"让我考虑一下"这句话加以利用、充分发挥自己的韧劲，努力促成商谈的成功。所以，如果对方说"让我考虑一下"，推销员应该以积极的态度尽力争取，可以用如下几种方式回答来应对。

（1）我很高兴能听到您说要考虑一下，要是您对我们的商品根本没有兴趣，您怎么肯去花时间考虑呢？您既然说要考虑一下，当然是因为对我所介绍的商品感兴趣，也就是说，您是因为有意购买才会去考虑的。不过，您所要考虑的究竟是什么呢？是不是只不过想弄清楚您想要购买的是什么？这样的话，请尽管好好看清楚我们的产品；或者您是不是对自己的判断还有所怀疑呢？那么让我来帮您分析一下，以便确认。不过我想，结论应该不会改变的，果然这样的话，您应该可以确认自己的判断是正确的吧！我想您是可以放心的。

（2）可能是由于我说得不够清楚，以至于您现在尚不能决定购买而还需要考虑。那么请让我把这一点说得更详细一些以帮助您考虑，我想这一点对于了解我们商品的影响是很大的。

（3）您是说想找个人商量，对吧？我明白您的意思，您是想要购买的。但另一方面，您又在乎别人的看法，不愿意被别人认为是失败的、错误的。您要找别人商量，要是您不幸问到一个消极的人，可能会得到不要买的建议。要是换一个积极的人来商量，他很可能会让您根据自己的考虑做出判断。这两种人，找哪一位商量会有较好的结果呢？您现在面临的问题只不过是决定是否购买而已，而这种事情，必须自己做出决定才行，此外，没有人可以替您做出决定。其实，若是您并不想购买的话，您就根本不会去花时间考虑这些问题了。

（4）先生，与其以后再考虑，不如请您现在就考虑清楚做出决定。既然您那么忙，我想您以后也不会有时间考虑这个问题的。

这样，紧紧咬住对方的"让我考虑一下"的口实不放，不去理会他拒绝的意思，只管借题发挥、努力争取，尽最大的可能去反败为胜，这才是推销之道。

正确理解客户的异议

销售心理学一点通：正确理解客户的异议，你才能更冷静地判断异议产生的真正原因，从而有针对性解决。

异议有时是客户的手段。你现在正与你的潜在客户进行谈判。你提出问题，收集信息，或者正在做陈述，推动整个沟通环节慢慢向前。这时候，对方突然转换话题，问了一些生硬唐突的问题，似乎要使你措手不及（这里用的是"似乎"一词，事实上，对方仅仅是用这种唐突的方式说出一些可能的问题，他并不是真的要使你难堪）。这类问题大致如下：

你以前同谁合作过？

你愿意与大公司还是小公司合作呢？

去年，你的销售业绩怎样？

这些产品、服务有担保吗？

在我们这个行业里，你同多少客户有过合作？

此刻，你如坐针毡，根本不可能回答这些询问，更不必说继续推销了，这是很自然的事情。但是，如果你深吸一口气，做出恰当、自信，而又诚实的反应，你就会听到如下这些回答：

噢，这不是我们真正需要的。

我们的工作方式不像那样子。

我觉得这不太适合。

这对我们都不合适。

恐怕，我一直在浪费你的时间，我觉得贵公司不可能是我们的合作对象。

对于这些话，不同人有不同的看法。有些人称之为异议，但也有人把它看作反馈或者问题。我们在面对异议或拒绝时要有以下几个基本认知：

每一个人都有拒绝的权利与情绪；

拒绝可能是在拒绝你的推销方式，而不是你的产品；

拒绝可能是准客户当下的反应，不一定代表永远拒绝；

拒绝可能是因为准客户不了解产品的好处；

拒绝是销售的开始，有拒绝必定会有接受；

处理反对问题的目的是为了促成，而不是为了赢得辩论，因此你必须要有处理问题的耐心，同时维持基本的礼仪；

处理反对问题的技巧并没有使用上的顺序问题，也就是说，在任何时候都有可能会派上用场。甚至于在你销售初始，面对准客户的反感时就要运用它。

有了以上的基本认知，面对拒绝你应该：

视为当然，切勿让它影响了你的心情；

再接再厉，销售很简单——只是把会购买的准客户找出来而已；

回想一下你拒绝别人的情境与心情，设身处地，体谅准客户拒绝你的情绪；

统计一下你被拒绝的次数，如果次数太多，超乎寻常，请赶快检讨你的沟通方式。切记！不要太早检讨是不是产品的问题（那是管理者的职责）。

当你处理了客户的不少异议之后，就应该可以尝试做一些促成的动作。我们首先就要确认客户提供的问题，哪些合理，哪些不合理；是价格问题、送货日期问题，抑或其他。下面是我们对这些可能性问题的分类：

1. 问题或质疑

如果你的当前顾客或潜在客户对你说："几年前我们与你们有过接触，但是在交货上有很大的问题。"这就出现了质疑。有些问题是简单的，有些问题是复杂的。对于简单问题的解决方案就是直接回答主要问题，避免再次推销。对于复杂的问题，你需要寻求外界的帮助来解决，立即向上级管理部门汇报，不要指望在问题解决之前会有订货。

2. 隐藏性问题

如果经过一次会面或会谈后，对方没有什么实质性的反应，或者不知道原因对方就中止了合作，这时就出现了隐藏性的问题。解决方法就是由个人承担销售的责任，主动送去一封"致歉信"。

3. 拖沓性问题

如果对方一再说，"让我再考虑一下，"这就是拖沓性问题。对此，最好的解决方法就是制订一个时间表，前期的步骤要明确说明，对最后的决定时间也要做一个必要的限定。

4. 消除对方的疑虑

如果决策人员表示,"同这样一群年轻的销售人员合作,问题的解决可能要复杂些",那么就表示他有疑虑。消除疑虑的最好方法就是看他过去是如何决定与那些和我们今天有同样问题的卖主合作的。要是你能用上某些小把戏也是可以的,比如说一封证明信,某个满意客户的来电,或是一些参考材料等。

5. 怀疑、忧虑和不确定

对于变化的问题,不论是顾客还是潜在客户都有抵触情绪。解决之道就是直接切题,详细地跟对方讲你是如何让他们接触你的产品或服务的,从最初的阶段对他们进行指导。

其实大多数人决定不购买某一家产品的一个共同原因就是他们觉得没有必要改变现状。你可能一直以来已经习惯于把某个公司或一些公司看成你的竞争对手,而事实上,你真正的对手是当前的状况,即在你出现之前人们习惯了的生活方式。

只有了解异议产生的可能原因,正确理解客户的异议,你才能更冷静地判断异议产生的真正原因,并针对原因来"有的放矢",如此,你才能真正有效地化解异议。

听懂客户不满背后的潜台词

> 销售心理学一点通:从顾客的言语中收集信息,破解顾客内心的真实需求,这样才能取得事半功倍的效果。

当销售人员成功修正了顾客先入为主的购机标准,重新介绍了一款时,没想到顾客却说:"这个不好啊!"

销售人员一:"这个不好,您看这边这个怎么样?"

销售人员二:"那么请您到这边来。"

销售人员三:"怎么不好呢?这是卖得最好的一款。"

第一个和第二个销售人员的回答都是承认了顾客的判断:这个商品不好。销售人员不可暗示或暗中承认商品不好,这样一承认顾客也会跟着失去购买信心。不仅是待定款的商品,对整个品牌都会降低信心,这对接下来的推介非常不利。

第三个销售人员直接和顾客争辩,是没有职业技巧的表现。

在上述场景中,销售人员应这样应对:

"是吗?您哪里不满意呢?可以告诉我吗?"待问清顾客不满意的真正要点后,即可针对顾客的疑点进行解答或针对其买点进行新的商品推介。

"这个还算不错吧!再好点的,请您到这边来。"

"这个机型还算比较畅销,同样畅销的还有这款。"

很多时候顾客对产品的反对并不代表他真的不需要这样的产品。当顾客对所推介产品不满意时,作为销售人员,不能只是机械地向顾客推销别的产品,而要先从顾客的言语中收集信息,破解顾客内心的真实需求,这样才能取得事半功倍的效果。

在了解了顾客内心的真实想法后,销售人员还应做到对顾客需求的理解完全、清楚和证实。

完全是指销售人员要对顾客的需求有全面的理解。顾客都有哪些需求?这些需求中对顾客最重要的是什么?它们的优先顺序是什么?这些需求有什么影响?

清楚是指要知道顾客的具体需求是什么,顾客为什么会有这些需求。很多销售人员都知道顾客的需求，如顾客说："我准备要小一点的电冰箱。"这是一个具体的需求，但他们对顾客为什么要小一点的电冰箱却并不知道。"清楚"也就是让销售人员找到顾客需求产生的原因，而这个原因其实也是需求背后的需求，是真正驱动顾客采取措施的动因。找到了这个动因，对销售人员去引导顾客下定决心做决策很有帮助。

证实是指销售人员所理解的顾客的需求是经过顾客认可的，而不是自己猜测的。

那么，当顾客对商品不满意时该如何应对呢？要注意两点：

第一是询问，询问顾客哪里不满意。这些问题，可巧妙地击中顾客的隐衷，使其内心的真实想法完全表露出来。

第二是跳过这一款介绍另一款，在这个过程中最重要的部分是销售人员必须用委婉的话语和郑重的表情重新定义顾客所谓的不满意产品。

销售人员的一言一行必须释放出对品牌的热爱和自信。如果能做到这一点，就容易感染顾客，使其对品牌产生信心。

顾客对产品不满意时，销售人员只有深入思考、破解顾客的深层想法，才能把产品卖出去。

消除顾客对自己的"奸商"评价

> 销售心理学一点通：销售人员必须尽快打消顾客疑虑，取得顾客的信任，否则行销绝不会成功。

顾客："我说我想要原来的那一款，你总是向我推荐我没有仔细研究的款式，而且似乎总是高端的产品，莫非你打算从中赚取差价？嗯……你是奸商吗？"

销售人员："……"

"嗯……你是奸商吗？"这句话很冷很直接，足以使场面陷入十足的尴尬。不可否认，在转变顾客需求的过程中，经常会遇到顾客询问这个问题，这是顾客对销售人员极度不信任的表现。但归根结底，这是销售人员没有能成功向顾客普及新产品知识和市场情况的结果，没能打消顾客的疑虑所致。

顾客提出这种疑虑很正常，因为有很多顾客在走进卖场前，都认真了解了自己想要的产品的大致价格范围，甚至确定了具体型号。而当自己非常熟悉的产品因为各种原因无法买到时，顾客已经比较焦虑，此时加上销售人员对顾客预定产品的贬低和对新产品的抬高，顾客难免会有怀疑销售人员动机的想法。这时候，销售人员必须尽快让顾客认识到新产品的市场情况，让顾客认识到这种产品在其他卖场中的报价和服务，以及同类产品的报价等情况，从而打消顾客疑虑，重新取得顾客的信任。

销售人员可以按照以下模板灵活应对顾客：

"这位大哥您的想法很有必要，毕竟现在市场上确实有一些不良销售人员借机欺诈顾客，但那些销售人员都是没有固定店铺，游走于电器城的闲散人员。咱们这家家电卖场是正规的一个大公司，我们这些销售人员都是经过公司正规培训而且有公司监督与规定的，我们始终以信誉为本，您放心就是啦！此外您要购买的产品由于市场销量不是很好，大部分卖场库存都没有进很多货，因此在市场上不好买到。我之所以向您推荐另一款产品，并不是说我能从其中多赚多少钱，不信您可以从我们卖场的联网电脑上查询一下其他卖场的价格情况，作为一名销售人员，为您提供满意且高效的服务从而节省您宝贵的时间和金钱是我们义无反顾的责任。此外，拥有和您原来想购买的产品一样的功能甚至比那款产品性能还好的有好几款产品，这些产品有很多都是针对原有产品性能缺陷的改进，从而让您的生活更加安心。"

顾客："哦！这样，我就是害怕被奸商骗了，上一次在一个很大的数码大厦里，就被一个销售人员给骗了好几百，我是惊弓之鸟了。那你给我介绍一下这个新产品吧，我看看是不是如你所说的那样。"

应对顾客刻薄的怀疑，你不仅要以各种方式灵活还自己的清白，更要以顾客为中心，普及新产品的优势和市场状况，让顾客了解市场，消除消极的疑虑。

用情感感化表情冷淡的顾客

销售心理学一点通：其实顾客冰冷的口气并不代表顾客是个毫无情感的人。销售人员需要做的就是用情感去感化他们。

正值家电卖场淡季，一位表情严肃的顾客走进某家电销售专区。

销售人员小赵："先生您好！欢迎光临××家电大卖场，我们正在搞淡季大促销活动，请问您需要购买什么家电？"

顾客看都没看小赵一眼，径自走进家电卖场。

小赵有些尴尬，然后就在距顾客 4 米远处不时观察顾客的需求。

没过多久，顾客看了一会儿，摸了摸一款数码摄像机。

销售人员小赵忙上前去："呵呵！您要购买相机啊，这款相机正值厂家促销，是今年柯达公司力推的主力机型，像素 1200 万，防抖功能很好……"

"哦！我随便看看。"顾客打断了小赵的介绍。

过了几分钟，顾客什么也没说就走出了家电卖场。

销售人员笑颜以对，可顾客却毫无反应，一言不发或冷冷回答一句"我随便看看"，这种场面其实非常尴尬。因为这类顾客对销售人员的冷淡往往是出于情感上的警戒，要化解这种警戒，销售人员应该从顾客行为中尝试分析顾客类型，然后利用情感感化法朝着有利于活跃气氛和购买的方向引导。

作为销售人员，其实我们每天都能遇到这样的顾客，冷冰冰地进来，对你爱答不理，顶多甩给你一句"我随便看看"，让你热脸贴了冷屁股。场面比较尴尬，不知道如何是好。其实，这些类型的顾客不外乎以下三种情形：一是对要买的产品比较熟悉，没必要让销售人员介绍，自己看就行了，顶多讨价还价和支付的时候需要销售人员；二是顾客只是来收集一下所要购买产品的信息，比如要购买的产品到底是什么样子的，各家卖场报价是多少等各种对比信息；还有一种就是随便逛逛，看着玩。因此，针对不同的顾客，销售人员应该采取不同的方法来接近顾客，而不是只用一种方法撞到南墙不回头。

顾客对销售人员都有戒备心理，生怕刚来就中了销售人员的圈

套,因此他们都对销售人员非常冷漠。作为销售人员,你可以尝试从以下几个方面接近顾客:

找好接近顾客的时机。这个时机往往不是在顾客刚进店的时候,而是在顾客浏览商品时对某一件家电比较感兴趣的时候,此时你可以根据顾客感兴趣的商品,大致联想出顾客想要什么类型的商品,因势利导,成功率往往会比较高。

在顾客挑选商品的过程中,不要像盯贼似的跟着顾客,更不要顾客跑到哪里销售人员就跟到哪里;不要问一些无关痛痒的话题,比如"需要帮助吗"等一些惹人烦的问题。

在一段时间后要尝试积极引导顾客。如果再次询问顾客时顾客还是回答"我随便看看",销售人员就要尽量朝着有利于活跃气氛的方向进行。

另外,销售人员可以按照如下模板灵活应对顾客:"没关系,呵呵,现在买不买无所谓,在购买之前一定要了解一下产品,做一些对比,才能买到心满意足的产品。这个行业我做了3年啦,我给您介绍一下这些家电吧!"(以专业人士的身份介入。)

面对冷淡型顾客,销售人员的信心常会被对方冰冷的口气摧毁,或者被对方的沉默不语给打垮,其销售热情也会降到零点。其实顾客冰冷的口气并不代表顾客是个毫无情感的人。销售人员需要做的就是用情感去感化他们。

洞穿客户的隐含期望

> 销售心理学一点通：只有超出客户的期望，让他们惊叹，你才能做到高人一等。

一些期望只有在它们没有得到满足的时候才会浮出表面，它们通常被理解为必然的或者是理所当然可以获得的。例如，我们期望周围的人要注意的礼貌。只有当我们遇到一个特别粗鲁的人时才会表示出不满。类似的这些期望存在于潜意识中，因为只有当客户经历的服务低于特定的合理界限时，它们才会成为影响满意度的重要因素。

一家公司与它的客户之间的大多数互动和交往都发生在一定的范围之内，这使得大多数互动都成为了惯例。一般不会有什么东西使客户特别满意或者不满意。我们不会过多考虑这些遭遇。但为了让客户真的满意，以至于他们必定会回来并且会对公司进行正面的口头宣传，公司必须超出他们的期望。公司必须做些事情吸引住客户的注意力，诱使他们发出赞叹："哇，我真的是没有想到！"

许多年前，巴诺斯先生经历过一次令人激动的经历。当时是二月份，他要去Ａ酒店参加一个商务会议。傍晚的时候，出租车将巴诺斯先生带到了Ａ酒店的门前。天色已经暗了下来，下着小雨，但他决定吃饭前痛痛快快地出去跑一会，于是就穿上运动衣出门了。一个小时以后，他回到了酒店，这时他的身上已经湿透了。他希望能悄悄走进电梯而不打扰其他的客人，因为客人们与一个浑身湿透的中年人一起坐电梯的时候会感到很不舒服。

当巴诺斯穿过大厅的时候，前台传来了一个声音："先生，我们能为您把衣服弄干吗？"他往传来这个意外问候的方向望去，发现一个服务生站在旁边。服务生走上前来，说道："巴诺斯先生，您明天不打算穿这些湿透的衣服进会议室吧？让我们帮您烘干它们吧。"这令巴诺斯感到惊奇，他向服务生表示感谢并且和他约定，将这些还在滴水的运动衣和其他衣服，装在洗衣袋里放在巴诺斯的门外。

9点半左右的时候巴诺斯回到了房间，他的运动衣不仅已经烘干了，甚至还洗过熨好并且整整齐齐的放在床脚！而这几乎是他的运动服第一次被熨过。

我们中的大多数人作为客户的时候，不会将我们的标准或者期望毫无道理地提得很高，通常它们会得到满足，但并不会让我们喜出望外。同样，大多数公司并不能成功地做到让客户特别满意。大多数公司的工作是按部就班的。问题在于，如果你做的每件事情都是按部就班的，那么你做的可能是不够的。只有超出客户的期望，让他们惊叹，你才能做到高人一等。

所以，我们在与客户接触的时候，一定要细心一些，多个心眼，多注意观察客户隐含的期望，适时地与他们的隐含期望相对接。

及时领会客户的每一句话

销售心理学一点通：只有及时领会了客户的意思，推销员才能及时做好准备，才能为下一步的顺利开展创造条件。

推销工作就是读人的工作，不仅要读懂客户的个性、喜好以及真正需求，还要及时领会客户的每一句话。无论客户是在拒绝或者是在问询，每一句话的背后都有隐藏有深意。

华莱士是 A 公司的推销员，A 公司专门为高级公寓小区清洁游泳池，还包办景观工程。B 公司的产业包括 12 幢豪华公寓大厦，华莱士已经向他们的资深董事华威先生说明了 A 公司的服务项目。开始的介绍说明还算顺利，紧接着，华威先生有意见了。

场景一：

华威："我在其他地方看过你们的服务，花园很漂亮，维护得也很好，游泳池尤其干净；但是一年收费 10 万元？这个价钱也太贵了吧！我付不起。"

华莱士："是吗？您所谓'太贵了'是什么意思呢？"

华威："说真的，我们很希望从年中，也就是 6 月 1 日起，你们负责清洁管理，但是公司下半年的费用通常比较拮据，下半年的游泳池清洁预算只有 3.8 万元。"

华莱士："嗯，原来如此，没关系，这点我倒能帮上忙，如果您愿意由我们服务，今年下半年的费用就 3.8 万元；另外 6.2 万元明年上半年再付，这样就不会有问题了，您觉得呢？"

华威：我看这样行。

场景二：

华威："我对你们的服务质量非常满意，也很想由你们来承包；但是，10万元太贵了，我实在没办法。"

华莱士："谢谢您对我们的赏识。我想，我们的服务对你们公司的确很适用，您真的很想让我们接手，对吧？"

华威："不错。但是，我被授权的上限不能超过10万元。"

华莱士："要不我们把服务分为两个项目，游泳池的清洁费用4.5万元，花园管理费用5.5万元，怎样？这可以接受吗？"

华威："嗯，可以。"

华莱士："很好，我们可以开始讨论管理的内容……"

场景三：

华威："我在其他地方看过你们的服务，花园侍弄得还算漂亮，维护修整上做得也很不错，游泳池尤其干净；但是一年收费10万元？太贵了吧！"

华莱士："是吗？您所谓'太贵了'是什么意思？"

华威："现在为我们服务的C公司一年只收8万元，我找不出要多付2万元的理由。"

华莱士："原来如此，但您满意现在的服务吗？"

华威："不太满意，以氯处理消毒，还勉强可以接受，花园就整理得不尽理想；我们的住户老是抱怨游泳池里有落叶；住户花费了那么多，他们可不喜欢住的地方被弄得乱七八糟！虽然给C公司提了很多遍了，可是仍然没有改进，住户还是三天两头打电话投诉。"

华莱士："那您不担心住户会搬走吗？"

华威："当然担心。"

华莱士："你们一个月的租金大约是多少？"

华威："一个月3000元。"

华莱士："好，这么说吧！住户每年付您3.6万元，您也知道好住户不容易找。所以，只要能多留住一个好住户，您多付2万元不是很值得吗？"

华威："没错，我懂你的意思。"

华莱士："很好，这下，我们可以开始草拟合约了吧。什么时候开始好呢？月中，还是下个月初？"

读懂客户的话才能使销售进行下去。销售过程中及时领会客户的意思非常重要。只有及时领会了客户的意思，推销员才能及时做好准备，才能为下一步的顺利进行创造条件。

第三篇

销售是"心"与"心"的吸引

——营造吸引顾客的气场

第一章
敲开客户紧闭的心扉
——迅速拉近心理距离

打造无敌亲和力

> 销售心理学一点通：对每一位客户一视同仁，温和有礼，用每一个细节让客户感受到你对他的尊重和重视，顾客一定会接受你。

有人说客户的心是一扇虚掩的门，销售员将其打开的金钥匙就是真诚。而将心门打开后，怎样才能成功捕获客户的心，让客户心甘情愿地接受你、喜欢你，继而愉快地与你合作？

捕获客户心理的最好方式就是情感投资，满足客户内心的需要，通过语言、神态举止让客户得到应有的尊重。用自己的行动捕获客户的信赖感，当客户被你征服，他就会毫不犹豫地跟你走。

微笑是一种美好的表情，让人觉得友善，觉得真诚，觉得亲切，觉得美丽。

销售其实就是销售员与客户之间的一场交流，一个从陌生到相识、从抗拒到接受、从质疑到满意的过程，这其中有着无数的情感变化。而销售成功与否和销售员是否懂得并准确地把握客户的内心有着很大的关系。

俗话说"不笑不开店",在销售行业,同样有这样一句话"你的微笑价值百万",其实所说的道理都是相同的:用微笑换回巨大的利益。对于客户来说,销售员的微笑令人感到亲切而又温馨,一个真正投入感情并始终保持微笑的销售员一定会比一个总是板着脸的销售员赢得更多的客户与订单。真诚的、发自内心的微笑才能温暖和打动别人的心,这就是微笑的魅力。

"不管我认不认识,当我的眼睛一接触到人时,我就先对对方微笑。"这是一位出色的人寿保险推销员在谈到自己赢得客户的经验时说到的一句话。对于销售员来说,微笑有着独特的魅力和神奇的力量,用微笑来征服客户,比其他任何方式都更加有效和持久。

温和的眼神也是对人心灵的安抚,能给予对方心理上巨大的安慰。每一个人生活在这个世上,都会遇到各种不如意的事情,包括我们所面对的各种类型的客户,他们都曾经遭受到烦恼和痛苦,都或多或少地受到过不被重视的待遇,但温暖真诚的目光,却可以使人得到安慰,获得力量。一道温和的目光如一道温暖的阳光,不仅能够照亮阴暗的心灵,还能够温暖身边人们潮湿的心灵。销售员不仅要学会对客户微笑,同时要用温和真诚的目光去关心客户,赢得客户的心。

任何一位顾客都讨厌不受到重视,当销售员对客户视而不见或者将客户晾在一边时,客户自然会让他的生意失败。对每一位客户一视同仁,温和有礼,用每一个细节让客户感受到你对他的尊重和重视,顾客一定会接受你。

世界上最伟大的推销员乔·吉拉德曾经说过:"当你笑时,整个世界都在笑。一脸苦相没人理睬你。"销售就好比照镜子,你如何对待客户,客户就会如何对你。在销售中微笑、温和、礼貌与尊重,做一次或许很容易,难的是一直这样做下去,对一个客户这样做或许很容易,难的是对每一个人都要如此。

认同心拉近与客户的距离

销售心理学一点通:如果你能时刻表达你对客户的认同,就很容易拉近你同客户的距离。

商务电话沟通成功的第一步,就是建立亲和力。如果你能时刻表达你认同客户的观点,就很容易拉近你们之间的距离。一般情况下,表达你的认同心有以下几种方法。

1. 语音和语速同步

语音和语速同步就是指说话快慢要跟客户同步。客户说话快你也要快;客户说话慢你也要慢;客户急,你也要急。视觉型的人,用视觉型的模式跟他沟通;感觉型的人,用感觉型的模式沟通;听觉型的人,要用听觉型的模式跟他沟通。与客户通话时,我们就可以判断出他可能是哪一种类型的人。如果是视觉型的人,我们讲话的速度就要快一点。如果是感觉型的人,讲话速度就要慢一点。对听觉型的人,我们就要用听觉型的词汇跟他沟通。

2. 情绪同步

情绪同步可以进入对方的内心频道,这样你会发现对方拒绝的机会会大大减少。要做到与客户情绪同步就要设法进入对方的内心频道，从对方的观点、出发点和角度去思考，去判断，去行动，去选择，去决定，去联想。如果我们能站在对方的立场为对方考虑，我们就有可能跟对方关系更亲近，让对方觉得被了解，被尊重。因为被人关注和尊重是人类共同的需求。我们由此也能与客户建立更密切的关系。

3. 生理状态同步

　　面对电话，我们无法看到对方的面部表情，也无法看到对方的肢体动作，可是我们会在大脑中创造一幅画面。这幅画面可以描绘出对方是站着给我们打电话，或坐着给我们打电话，抑或具有不同的生理状态，包括呼吸、表情和动作。

　　在打电话的时候，我们能够听到对方的呼吸。假如你听到对方呼吸很微弱，就可以据此判断对方可能生病或患感冒。高明的销售者可以听出对方的呼吸是均匀的还是不均匀的，是快还是慢，是缓还是急，呼吸是非常自然的还是有点紧张。通过呼吸可以判断对方是紧张还是不紧张，是急躁还是不急躁，想成交还是不想成交，是有企图还是没有企图。高明的沟通高手可以通过对方呼吸的方法进而去了解对方的心理。

　　高明与否的区别在于你能不能察觉到细节，使用细节，运用细节。要想成为一个高明的销售者，必须做到以下三点。第一点要能察觉顾客的呼吸；第二点能够想象顾客的表情；第三点能够想象顾客的姿势，他是坐着跟我们打电话还是站着，是认真还是不够认真，体态很庄严还是不太庄严。

4. 语言文字同步

　　语言文字同步，包括词汇、术语、口头禅。一个人使用不同的词汇,会得到不同的结果。每个人针对不同的事态,会使用不同的词汇。

词汇使用不当,会给客户带来臆测或者假想。在商务电话沟通中,使用负面词汇或常用词汇错位都会影响交流的顺利进行,甚至于阻碍公司的发展。

负面性的词汇让我们的情绪处于一种暴怒的状态中,通常,这种情绪也会传递给我们的顾客。所以我们要尽量地少用或者把它转化为正面性的词汇。像"生气",如果我们把"生气"转化为正面性词汇"不高兴"就比较好。生气是拿别人的错误惩罚自己。所以每当你生气的时候,就告诉自己说:"我要做自我沟通了。"

每个人常用的负面词汇都可能不太一样,可以把自己平常说过的负面词汇写下来,然后作转化。销售高手善于使用正面的词汇。把"你这个人怎么这样呢"转化为"你很可爱","你很特别","你很有个性"。

直击推销语言艺术

> 销售心理学一点通:对话的本质并非在于你一句我一句地轮流说话,而在于相互之间的呼应。

推销过程中有几个环节很关键,做好这些关键环节以后,你也能做得很好,轻松掌握推销语言魅力就不再遥远。在推销过程中的谈话,有些属于较为正式的,其言语本身就是信息;也有些属于非正式的,言语本身未必有什么真正的含义,这种交谈只不过是一种礼节上或感情上的互通而已。

例如，我们日常生活见面时的问候以及在一些社交、聚会中相互引荐时的寒暄之类。当你与客户相遇时，会很自然地问候道，"你好啊！""近来工作忙吗，身体怎样？""饭吃过了吗？"此时对方也会相应地回答和应酬几句。这些话常常没有特定的意思，只是表明，我看见了你，我们是相识的，我们是有联系的，仅此而已。

寒暄本身不正面表达特定的意思，但它却是在任何推销场合和人际交往中不可缺少的。在推销活动中，寒暄能使不相识的人相互认识，使不熟悉的人相互熟悉，使单调的气氛活跃起来，你与客户初次会见，开始会感到不自然，无话可说，这时彼此都会找到一些似乎无关紧要的"闲话"聊起来。闲话不闲，通过几句寒暄，交往气氛一经形成，彼此就可以正式敞开交谈了。所以寒暄既是希望交往的表示，也是推销的开场白。

寒暄的内容似乎没有特定限制，别人也不会当真对待，但不能不与推销的环境和对象的特点互相协调。我们在推销开始时的寒暄与问候，应适合不同的情况，使人听来不觉突兀和难以接受，更不能使人觉得你言不由衷，虚情假意。

除了问候和寒暄之外，还要注重推销中的对话。

作为推销场合的谈话，既不同于一个人单独时的自说自话，也不同于当众演讲，而是推销双方构成的听与讲相配合的对话。对话的本质并非在于你一句一句地轮流说话，而在于相互之间的呼应。

瑞士著名心理学家皮亚杰把儿童的交谈方式分为两种，当一个儿童进行社交性交谈时，这个孩子是在对听者讲话，他很注意自己所说的观点，试图影响对方或者说实际上是同对方交换看法，这就是一种对话的方式。但作为儿童的自我中心式的谈话时，孩子并不想知道是对谁讲话，也不想知道是不是有人在听他讲。他或者是对他自己讲话，或者是为了同刚好在那里的任何人发生联系而感到高兴。七岁以下的儿童就常沉溺于这种自说自话，且看两位四岁的儿童是怎样交谈的：

汤姆：今晚我们吃什么？
约翰：圣诞节快到了。
汤姆：吃烧饼和咖啡就不错了。
约翰：我得马上到商店买电子玩具。
汤姆：我真喜欢吃巧克力。
约翰：我要买些糖果和一双皮鞋。

这与其说是两人在对话，倒不如说是被打断了的双人各自的独白。在推销双方的交谈中，有时也会出现这种现象。有的人习惯于喋喋不休急于要把自己心中所想的事情倾吐出来，而不顾及对方在想什么和说什么，以至于对方只能等他停下来喘口气时才有机会插进几句话。

真正的推销对话，应该是相互应答的过程，自己的每一句话应当是对方上一句话的继续。对客户的每句话做出反应，并能在自己的说话中适当引用和重复。这样，彼此间就会取得真正的沟通。

在推销过程中，要挑选客户最感兴趣的主题，假如你要说有关改进推销效率的问题或要把某项计划介绍给某公司董事会，那你就要强调它所带来的实际利益；你要对某项任务的执行者进行劝说，就要着重讲怎样才能使他们的工作更为便利。

倾听让你更受欢迎

> 销售心理学一点通：只是想做一个好的听者，这样的人才会到哪儿都受欢迎。

韦恩是罗宾见到的最受欢迎的人士之一。他总能受到邀请，经常有人请他参加聚会，共进午餐，担任客座发言人，打高尔夫球或网球。

一天晚上，罗宾碰巧到一个朋友家参加一次小型社交活动。他发现韦恩和一个漂亮女士坐在一个角落里。出于好奇，罗宾远远地注意了一段时间。罗宾发现那位年轻女士一直在说，而韦恩好像一句话也没说。他只是有时笑一笑，点一点头，仅此而已。几小时后，他们起身，谢过男女主人，走了。

第二天，罗宾见到韦恩时禁不住问道："昨天晚上我在斯旺森家看见你和最迷人的女孩在一起。她好像完全被你吸引住了。你怎么抓住她的注意力的？"

"很简单，"韦恩说，"斯旺森太太把乔安介绍给我，我只对她说：'你的皮肤晒得真漂亮，在冬季也这么漂亮，是怎么做的？你去哪呢？阿卡普尔科还是夏威夷？'"

"'夏威夷，'她说，'夏威夷永远都风景如画。'"

"'你能把一切都告诉我吗？'我说。"

"'当然。'她回答。我们就找了个安静的角落，接下去的两个小时她一直在谈夏威夷。"

"今天早晨乔安打电话给我，说她很喜欢我陪她。她说很想再见到我，因为我是最有意思的谈伴。但说实话，其实我整个晚上没说几句话。"

看出韦恩受欢迎的秘诀了吗？很简单，韦恩只是让对方谈自己。

假如你也想让大家都喜欢，那么就尊重别人，让对方认为自己是个重要的人物，满足他的成就感，而最好的办法就是谈论他感兴趣的话题。千万不要喋喋不休地谈自己，而要让对方谈他的兴趣、他的事业、他的高尔夫积分、他的成功、他的孩子、他的爱好、他的旅行，等等。

让他人谈自己，一心一意地安静倾听，要有耐心，要抱有一种开阔的心胸，还要表现出你的真诚，那么无论走到哪里，你都会大受欢迎。

著名推销员乔·吉拉德说过这样一句话："上帝为何给我们两个耳朵一张嘴？我想，意思就是让我们多听少说！倾听，你倾听得越长久，对方就会越接近你"。这个世界过于烦躁，每一个人再也没有耐心听别人说些什么，所有的人都在等着说。再也没有比拥有一个忠实的听众更令人愉快的事情了。

一位成功的保险推销员对如何使用倾听这个推销法宝深有体会："一次，我和朋友去一位富商那儿谈生意，上午11时开始。过了6小时，我们走出他的办公室来到一家咖啡馆，放松一下我们几乎要麻木的大脑。可以看得出来，我的朋友对我谈生意的措辞方式很满意。第二次谈判定在午餐后2时开始直到下午6时，如果不是富商的司机来提醒，恐怕我们谈得还要晚。

"知道我们在谈什么吗？实际上，我们仅仅花了半个小时来谈生意的计划，却花了9个小时听富商的发迹史。他讲他自己是如何白手起家创造了一切，怎么在年届50岁时丧失了一切，尔后又是如何东山再起的。他把自己想对人说的事都对我们讲了，讲到最后他非常动情。

"很显然，多数人用嘴代替了耳朵。这次我们只是用心去听、去感受。结果是富商给他40岁的儿女投了人寿险，还给他的生意保了10万元险。我对自己能否做一个聪明的谈判人并不在意，我只是想做一个好的听者，只有这样的人才会到哪儿都受欢迎。"

倾听很重要，在人际交往中，多听少说，善于倾听别人讲话是一种很高雅的素养。因为认真倾听别人的讲话，表现了对说话者的尊重，人们往往会把忠实的听众视作完全可以信赖的知己。对于推销员而言，积极地倾听客户的谈论，有助于了解和发现各类有价值的信息。

善于倾听客户的抱怨

销售心理学一点通：你与客户发生意见分歧时，不妨耐心聆听客户的意见和抱怨。

客户与企业间是一种平等的交易关系，在双方获利的同时，企业还应尊重客户，认真对待客户提出的各种意见及抱怨，并真正重视起来，才能得到有效改进。在客户抱怨时，认真坐下来倾听，扮好听众的角色，有必要的话，甚至拿出笔记本将其要求记录下来，要让客户觉得自己得到了重视。当然仅仅听是不够的,还应及时调查客户的反映是否属实,迅速将解决方法及结果反馈给客户,并提请监督。

客户意见是企业创新的源泉,很多企业要求其管理人员都去聆听客户服务区域的电话交流或客户反馈的信息。通过聆听,我们可以得到有效的信息,并可据此进行创新,促进企业更好地发展,为客户创造更多的经营价值。当然,还要求企业的管理人员能正确识别客户的要求,并将其正确地传达给产品设计者,以最快的速度生产出最符合客户要求的产品,满足客户的需求。

国庆节期间,一位客户申请安装一部固定电话,一切都按客户的要求进行安装。可不知哪个环节使这位客户不满意。在重新安装时,他又有抱怨,而且说了好几句难听的话。在场的装机维护中心的主任一言不发,静静地看着那位客户,不气不恼,样子很像认真聆听的小学生。足足半小时,客户累了,终于歇了口,看着不动声色的主任,开始为自己的举动而内疚。

他对主任说:"真不好意思,我的脾气不好。被我这样吵闹,你还不在意。"主任说:"没事,没关系,这些都是你的真实想法,我们会虚心接受的。"

事情过去后,出人意料的是,这位客户又陪朋友到电信局申请安装一部电话。现在主任和他还成了好朋友。

当你与客户发生意见分歧时,不妨耐心聆听客户的意见和抱怨,不要害怕自己会失去面子,有时往往能赢得面子,赢得尊重,最终赢得客户，赢得生意。

推销中的幽默规则

销售心理学一点通：在你的推销中融进一些轻松幽默不失为一种恰当的策略，同时它也能使你的生意变得十分有趣。

日本推销大师齐藤竹之助说："什么都可以少，唯独幽默不能少。"这是齐藤竹之助对推销员的特别要求。许多人觉得幽默好像没有什么大的作用，其实是他们不知道怎么才能够学会幽默。让我们先看看幽默有哪些好处。

那种不失时机、意味深长的幽默更是一种使人们身心放松的好方法，因为它能让人感觉舒服，有时候还能缓和紧张气氛、打破沉默和僵局。

如果你在推销的时候表现出色，那么客户也是很愿意从你那儿购物的。乔·吉拉德说："我听到过很多人说他们对外出购车常常感到头疼，但是我的客户不会这样说。当我说与吉拉德做生意是一件很愉快的事情时，我相信这句话并不是毫无意义的。"

成功的推销员大多都是幽默的高手，因为他们知道幽默会减轻紧张情绪，是消除矛盾的强有力手段。在尴尬的时候幽默一下，不仅可以缓解气氛，还能让人感到你智慧的魅力。

一个缺乏幽默感的人是比较乏味的。在你的推销中融进一些轻松幽默不失为一种恰当的策略，同时它也能使你的生意变得十分有趣。否则，你的客户就会保持警惕，不肯放松。

一个推销员当着一大群客户推销一种钢化玻璃酒杯，在他进行完商品说明之后，他就向客户作商品示范：把一只钢化玻璃杯扔在地上证明它不会破碎。可是他碰巧拿了一只质量不过关的杯子，猛地一扔，酒杯碎了。

这样的事情以前从未发生过，他感到很吃惊。而客户们也很吃惊，因为他们原本已相信推销员的话，没想到事实却让他们失望了。结果场面变得非常尴尬。

但是，在这紧要关头，推销员并没有流露出惊慌的情绪，反而对客户们笑了笑，然后幽默地说："你们看，像这样的杯子，我就不会卖给你们。"大家禁不住笑起来，气氛一下子变得轻松了。紧接着，这个推销员又接连扔了5只杯子都成功了，博得了客户们的信任，很快推销出了好多杯子。

在那个尴尬的时刻，如果推销员也不知所措，没了主意，让这种沉默继续下去，不到3秒钟，就会有客户拂袖而去，交易失败。但是这位推销员却灵机一动，用一句话化解了尴尬的局面，从而使推销继续进行，并取得了成功。

与客户思维保持同步

销售心理学一点通：保持与客户思维的同步，只有你的想法、行动与客户的一致，才能让客户更容易地接受你。

一位心理大师曾说，人们往往错误地以为我们生活的四周是透明的玻璃，我们能看清外面的世界。事实上，我们每个人的周围都是一面巨大的镜子，镜子反射着我们生命的内在历程、价值观、自我的需要。

心理学研究发现，人们在日常生活中常常不自觉地把自己的心理特征归属到别人身上，认为别人也具有同样的特征，如自己喜欢说谎，就认为别人也总是在骗自己；自己自我感觉良好，就同样会认为别人也都认为自己很出色。这种心理现象叫做"投射效应"。

"投射效应"对推销最重要的一条启示是：保持与客户思维的同步，只有你的想法、行动与客户的想法和行动一致，才能让客户更容易地接受你。

原一平提到，根据心理学的研究，人与人之间亲和力的建立是有一定技巧的。我们并不需要与他认识一个月、两个月、一年或更长的时间才能建立亲和力。如果方法正确了，你可以在5分钟、10分钟之内，就与他人建立很强的亲和力。他认为，其中一个特别有效的方法是：在沟通时与对方保持精神上的同步。

所以优秀的推销员对不同的客户会用不同的说话方式，对方说话速度快，就跟他一样快；对方说话声调高，就和他一样高；对方讲话时常停顿，就和他一样也时常停顿，这样才不会出现"各说各话"的尴尬情景。因为能做到这一点，所以优秀的推销员很容易和客户之间形成极强的亲和力，对各种客户应付自如。

除了思想上要与客户保持同步以外，还要吸引顾客的注意力。这对推销成功也是至关重要的。

有一个销售安全玻璃的推销员，他的业绩一直都维持北美整个区域的第一名，在一次顶尖推销员的颁奖大会上，原一平遇到了他，原一平问他说："你有什么独特的方法来让你的业绩维持顶尖呢？"

他说:"每当我去拜访一个客户的时候,我的皮箱里面总是放了许多截成15公分见方的安全玻璃,我随身也带着一个铁锤子,每当我到客户那里后我会问他,'你相不相信安全玻璃?'当客户说不相信的时候,我就把玻璃放在他们面前,拿锤子往桌上一敲,而每当这时候,许多客户都会因此而吓一跳,同时他们会发现玻璃真的没有碎裂开来。然后客户就会说:'天哪,真不敢相信。'这时候我就问他们:'你想买多少?'直接进行缔结成交的步骤,而整个过程花费的时间还不到一分钟。"

当他讲完这个故事不久,几乎所有销售安全玻璃的公司的推销员出去拜访客户的时候,都会随身携带一块安全玻璃样品以及一个小锤子。

但经过一段时间,他们发现这个推销员的业绩仍然维持第一名,他们觉得很奇怪。而在另一个颁奖大会上,原一平又问他:"我们现在也已经做了同你一样的事情了,那么为什么你的业绩仍然能维持第一呢?"他笑一笑说:"我的秘诀很简单,我早就知道当我上次说完这个点子之后,你们会很快地模仿,所以自那时以后我到客户那里,唯一所做的事情是我把玻璃放在他们的桌上,问他们:'你相信安全玻璃吗?'当他们说不相信的时候,我把玻璃放到他们的面前,把锤子交给他们,让他们自己来砸这块玻璃。"

每当我们想要初次接触一位新的潜在客户时,他们总是会有许多的抗拒或借口。如果无法有效地突破这些借口,我们永远没有办法开始我们产品的销售过程。吸引顾客的注意力,是打开推销过程很好的方法。

第二章
让顾客主动靠近
——多赢的销售心理

学会制造悬念

销售心理学一点通：推销员如果能留一点悬念给客户，让客户对你的下一步行动感到好奇，那么，在揭示悬念的同时，交易也自然会完成。

克林顿·比洛普是美国著名的推销行家，在创业初期，为了多赚一点钱，他曾为康涅狄格州西哈福市的商会推销会员，并借此敲开了该市各企业领导人士的大门。

有一次，他去拜访一家小布店的老板。这位老板是第一代土耳其移民，他的店铺离一条分隔东哈福市和西哈福市的街道只有几步路的距离。结果，这个地理位置成了这位老板拒绝加入商会的最佳理由。

"听着，年轻人，西哈福市商会甚至不知道有我这个人。我的店在商业区的边缘地带，没有人会在乎我。"

"不，先生，"克林顿·比洛普坚持说，"您是相当重要的企业人士，我们当然在乎您。"

"我不相信，"老板坚持己见，"如果你能够提出一点证据反驳我对西哈福市商会所下的结论，那么我就会加入你们的商会。"

"先生，我非常乐意为您做这件事，"比洛普注视着老板说，"我可不可以和您约定下一次会面的时间？"

老板一听，觉得这是摆脱比洛普最容易的方式，于是毫不犹豫地说："当然，你可以约个时间。"

"嗯，45分钟之后您有空吗？"比洛普说。

老板十分惊讶，他没想到比洛普要在45分钟之后再与他会面。

惊讶之下，顺口说了，"嗯，我会在店里。"

"很好，"比洛普说，"我会在45分钟后回来。"

比洛普快速离开布店，然后直接往商会办公室冲去。他在那里拿了一些东西之后，又到邻近的文具店买了该店库存中最大型的信封袋。带着这个信封袋，比洛普再次来到布店。他把信封放在老板的柜台上，开始重复先前与老板的对话。在交谈的过程中，老板的目光始终注视着那个信封袋，猜想里面到底装了什么。

最后，他终于忍不住了，就问："年轻人，我可不想一直和你耗下去，这个信封里到底装了什么？"

比洛普将手伸进信封，取出了一块大型的金属牌。"商会早已做好了这块牌子，好挂在每一个重要的十字路口上，以标示西哈福商业区的范围，"比洛普带着老板来到窗口说，"这块牌子将挂在这个十字路口上，这样一来，客人就会知道他们是在西哈福区内购物，这便是商会让人知道您在西哈福区内的方法。"

老板的脸上浮现一丝笑容。比洛普说："好了，现在我已经结束了我的讨价还价了，您也可以把您的支票簿拿出来好结束我们这场交易了。"

老板便在支票上写下了商会会员入会费的金额。

开门见山、直奔主题是一种推销方法，出其不意、欲擒故纵也是一种推销方法，而后者往往比前者更能促成交易。

在这个案例中，年轻时的克林顿·比洛普为了生计，成为康涅狄格州西哈福市的商会推销会员。这次他的目标客户是一家小布店的老板，而这家店正好位于一条分隔东哈福市和西哈福市的街道旁边，这个位置成了布店老板拒绝加入商会的理由："西哈福市商会甚至不知道有我这个人，我的店在商业区的边缘地带，没有人会在乎我。"这是一种客户思考后得出的结论。

比洛普要想拿下这个订单，就必须让客户的思维发生转变。这时候，比洛普采用了欲擒故纵的谈判策略："我可不可以和您约定下一次会面的时间。"这让客户放松了警惕，以为可以就此摆脱比洛普，于是就同意了，说明此时客户的防范意识减弱。

令他没想到的是，比洛普竟然说："45分钟之后您有空吗？"这让布店老板非常惊奇，也给他留下了悬念。之后，比洛普先回商会办公室"拿了一些东西"（事先已经准备好），然后又去商店买了一个最大型的信封（临场发挥）。当回到客户的面前时，他并不急于说明信封内的东西，这让客户的好奇心越来越浓，以至于最后主动询问，这正是比洛普要达到的效果。最后，谜底揭开，客户不得不认同比洛普的做法，终于答应入会。

可见，在谈判的过程中，如果能留一点悬念给客户，让客户对你的下一步行动感到好奇，那么，在揭示悬念的同时，交易也自然会完成。

告诉客户你将带给他的利益

销售心理学一点通：客户只会购买对自己有帮助、能给自己带来利益的商品，推销员在推销的过程中如果能把握住客户的这种心理，那么推销就会顺畅许多。

英国十大推销高手之一约翰·凡顿的名片与众不同，每一张上面都印着一个大大的25％，下面写的是约翰·凡顿，英国××公司。当他把名片递给客户的时候，所有人的第一反应都是相同的："25％是什么意思？"约翰·凡顿就告诉他们："如果使用我们的机器设备，您的成本就会降低25％。"这一下就引起了客户的兴趣。约翰·凡顿还在名片的背面写了这么一句话："如果您有兴趣，请拨打电话……"然后将这名片装在信封里，寄给全国各地的客户。这把许多人的好奇心都激发出来了，客户纷纷打电话过来咨询。

你必须确定你所要告诉客户的事情是他感兴趣的，或对他来讲是重要的。所以当你接触客户的时候，你所讲的第一句话，就应该让他知道你的产品和服务最终能给他带来哪些利益，而这些利益也是客户真正需求和感兴趣的。

这就要求推销员在推销过程中，不仅要对自己的利益了如指掌，千方百计地进行维护，更重要的是要清楚自己所提的条件能给对方带来哪些好处、哪些利益，并尽可能地把己方的条件给对方带来的好处清晰地列出来。如果你只是笼统地说："我方产品投入使用后会带来重大的经济效益""我们的产品质量上乘、服务一流、物美价廉"，像这样苍白无力的话语在推销时是没有分量的。但是如果你能告诉客户你将带给他的利益，那么效果肯定会不一样。在你明确了己方所提条件对对方的好处和利益后，对方就会更加容易接受你的观点，促进推销达成协议。

钢琴最初发明的时候，钢琴发明者很渴望打开市场。最初的广告是向客户分析，原来世界上最好的木材，首先拿来做烟斗，然后再选择去制造钢琴。钢琴发明者从木材素质方面来宣传钢琴，当然引不起大家的兴趣。

过了一段时间，钢琴销售商开始经销钢琴，他们不再宣传木材质料，而是向消费者解释，钢琴虽然贵，但物有所值。同时，又提供优惠的分期付款办法。客户研究了分期付款的办法之后，发觉的确很便宜，出很少的钱便可将庞大的钢琴搬回家中布置客厅，的确物超所值。不过，客户还是不肯掏腰包。

后来，有个销售商找到一个新的宣传方法，他们的广告很简单："将您的女儿玛莉训练成贵妇吧！"广告一出，立即引起了轰动。自此之后，钢琴就不愁销路了。

这就是营销高手洞悉人性的秘诀。告诉客户你的产品能为他的生活带来哪些好处，告诉他应得的利益，销售就能顺利地进行。

向顾客卖自己的构想

销售心理学一点通：在销售中，虚拟未来事件其实是在向顾客卖自己的"构想"，通过推销员的描绘，让顾客感知未来的情形，从而达到销售的目的。

有一家生产电灯泡的公司。在创业初期，产品销路不畅，于是该公司的董事长到各地去做宣传推销，希望代理商们积极配合，使他们生产的电灯泡能够打入各级市场。

有一次，董事长召集各个代理商，向他们介绍新产品。董事长对参加谈判的各代理商说："经过许多年的苦心研究，本公司终于生产了这批新产品。虽然它还称不上是一流的产品，只能说是二流的，但是，我仍然拜托各位，以一流产品的价格来向本公司购买。"

听了董事长的话，在场的人不禁为之哗然："咦！董事长该没有说错吧？谁愿意以一流产品的价格来买二流的产品呢？二流产品当然应该以二流产品的价格来交易才对啊！他怎么会说出这样的话呢？难道？"大家都用怀疑的眼光看着董事长。

"那么，请你把理由说出来让我们听听吧！"代理商们都想知道谜底。

"大家知道，目前灯泡制造行业中可以称得上第一流的，全国只有一家。因此，他们算是垄断了整个市场，即他们任意抬高价格，大家仍然要去购买，是不是？如果有同样优良的产品，但价格便宜一些的话，对大家不是一种福音吗？否则，你们仍然不得不按厂商开出的价格去购买。"经过董事长这么一说，大家似乎明白了一点儿。然后，董事长接着说："就拿拳击比赛来说吧！不可否认，拳王阿里的实力谁也不能忽视。但是，如果没有人和他对抗的话，这场拳击赛就没办法进行了。因此，必须要有个实力相当、身手不凡的对手来和阿里打擂台，这样的拳击才精彩，不是吗？现在，灯泡制造业中就好比只有阿里一个人，因此，你们对灯泡制造业是不会产生任何兴趣的，同时也赚不了多少钱。如果这个时候出现一位对手的话，就有了互相竞争的机会。换句话说，把优良的新产品以低廉的价格提供给各位，大家一定能得到更多的利润。"

"董事长，您说得不错，可是，目前并没有另外一个阿里呀！"

董事长认为摊牌的时间已经到了。他接着话题继续说道："我想，另外一位阿里就由我来充当好了。为什么目前本公司只能制造二流的灯泡呢？这是因为本公司资金不足，所以无法在技术上有所突破。如果各位肯帮忙，以一流的产品价格来购买本公司二流的产品，我就可以筹集到一笔资金，把这笔资金用于技术更新或改造。相信不久的将来，本公司一定可以制造出优良的产品。这样一来，灯泡制造业等于出现了两个阿里，在彼此的竞争之下，毫无疑问，产品质量必然会提高，价格也会降低。到了那个时候，我一定好好地谢谢各位。此刻，我只希望你们能够帮助我扮演'阿里的对手'这个角色。但愿你们能不断地支持、帮助本公司渡过难关。因此，我要求各位能以一流产品的价格来购买本公司的二流产品。"

话音刚落，会议室里就响起了一阵热烈的掌声。董事长的发言产生了极大的反响，收到了很好的谈判效果。代理商们表示："以前也有一些人来过这儿，不过从来没有人说过这些话。我们很了解你目前的处境，所以，希望你能赶快成为另一个阿里。"为了另一个阿

157

里这个目标的诞生，代理商们不仅扩大订单，而且愿意出一流产品的价格购买。

在销售中，虚拟未来事件其实是在向顾客卖自己的"构想"，通过推销员的描绘，让顾客感知未来的情形，从而达到销售的目的，这就需要推销员具备高超的思维水平。

在这个案例中，我们可以看出，灯泡厂的董事长就是通过虚拟了一个未来事件才取得谈判的胜利的。在谈判刚开始时，董事长一句"拜托各位以一流产品的价格来向本公司购买"，这句话引起了各代理商的好奇心，这正是董事长的目的所在，接下来，董事长就一步步推进自己的计划。

首先，他先分析了灯泡制造业的现状，然后又把行业竞争比喻成拳击比赛，把一流的厂家比喻成拳王阿里（真实意图是影响听者的思维，获得信任和建立专家印象），在代理商们同意了董事长的看法，并表示"目前并没有另外一个阿里"时（客户原来的思路已经被巧妙地、不知不觉地发生了改变），董事长抓住了时机："另外一个阿里就由我来充当好了。"这正是董事长所要表达的意思。

当董事长有理有据地分析和设想了当灯泡市场上出现"两个阿里"而最终受益的将是各代理商后，彻底征服了代理商，因此他得到了更大的订单。在这里，我们不得不佩服这位董事长的智慧。其实，只要懂得出卖"构想"，每个人都可以成为像这位董事长一样的销售高手。

在行家面前报价不可太高

> 销售心理学一点通：报价时虽然可以把底价抬高，但是这种抬高也并不是无限制的，尤其在行家面前，更不可大意。

双方交易，就要按底价讨价还价，最终签订合同。这里所说的底价并不是指商品价值的最低价格，而是指商家报出的价格。这种价格是可以浮动的，也就是说有讨价还价的余地。围绕底价讨价还价是有很多好处的。举一个简单的例子：

早上，甲到菜市上去买黄瓜，小贩A开价就是每斤5角，绝不还价，这可激怒了甲；小贩B要价每斤6角，但可以讲价，而且通过讲价，甲把他的价格压到5角，甲高兴地买了几斤。此外，甲还带着砍价成功的喜悦买了小贩B几根大葱呢！

同样都是5角，甲为什么愿意磨老半天嘴皮子去买要价6角的呢？因为小贩B的价格有个目标区间——最高6角是他的理想目标，最低5角是他的终极目标。而这种目标区间的设定能让甲讨价还价，从而获得心理满足。

如果想抬高底价，尽量要抢先报价。大家都知道的一个例子就是，卖服装有时可以赚取暴利，聪明的服装商贩往往把价钱标得超出进价一倍甚至几倍。比如一件皮衣，进价为1000元，摊主希望以1500元成交，但他标价5000元。几乎没有人有勇气将一件标价5000元的皮衣还价到1000元，不管他是多么精明。而往往都希望能还到 2500 元，甚至 3000 元。摊主的抢先报价限制了顾客的思想，由于受原始标价的影响，顾客往往都以超过进价几倍的价格购买商品。

在这里，摊主无疑是抢先报价的受益者。报价时虽然可以把底价抬高，但是这种抬高也并不是无限制的，尤其在行家面前，更不可大意。如果销售员觉得自己的产品正好是对方急需的，而将价格任意抬高，最终失去对方的信任，导致十拿九稳的交易失败，对销售员来说也是一个很好的教训。

某公司急需引进一套自动生产线设备，正好销售员露丝所在的公司有相关设备出售，于是露丝立刻将产品资料快递给该公司老板杰森先生，并打去了电话。

露丝："您好！杰森先生。我是露丝，听说您急需一套自动生产线设备。我将我们公司的设备介绍给您快递过去了，您收到了吗？"

杰森（听起来非常高兴）："哦，收到了，露丝小姐。我们现在很需要这种设备，你们公司竟然有，太意外了。"

（露丝一听大喜过望，她知道在这个小城里拥有这样设备的公司仅她们一家，而对方又急需，看来这桩生意十有八九跑不了了。）

露丝："是吗？希望我们合作愉快。"

杰森："你们这套设备售价多少？"

露丝（颇为洋洋自得的语调）："我们这套设备售价 30 万美元。"

客户（勃然大怒）："什么？你们的价格也太离谱了！一点儿诚意也没有，咱们的谈话就到此为止！"（重重地挂上了电话）

如果你在和客户谈判时,觉得不好报底价,你完全可以先让对方报价。把对方的报价与你心目中的期望价相比较,然后你就会发现你们的距离有多远,随之调整你的价格策略,这样的结果可能是双方都满意的。切忌报价过高,尤其在行家面前。

等待客户决策时要有信心

销售心理学一点通:销售人员需要有足够的耐心顶住心理压力,给客户足够的时间去思考做决定。

有些销售人员在等待客户决策时,往往缺乏信心,耐不住性子,因而会做出一些节外生枝的事情。因此,作为一名销售人员在等待客户决策时一定要有信心,耐住性子。

"冯经理,您好,我是××报的小田,周二早上我到您公司拜访过,咱们说好今天把广告定下来,您打算做1/3版还是1/4版?"

"你们这个版面收费太高,不瞒你说,我已经打算在别的报纸上做了。"

"冯经理,您是知道的,我们这个版费是标准版费,同行业都是这个标准,而且我们报纸的发行量大。您在其他小报上做几个广告合起来的发行还不如我们一家报社,费用却高多了,您说是吧?"

"嗯,这……"

"您就别犹豫了,您看是做1/3版,还是1/4版?"

(客户沉默了10秒后)

"冯经理,您是知道的,目前有很多客户都想做这个头版。"

"小田，你就别过来了，后天这版我们就不出了，咱们再联络，以后再说吧。"

在这次电话沟通中冯经理出现了两次沉默。他第一次陷入沉思，其实是在做决定。如果小田在这时打断他的沉默，也算勉强允许。但当客户第二次沉默时，是绝不允许被打断的。因为在那个时候，客户有可能在考虑是否当场成交。在这时，我们需要有足够的耐心顶住心理压力，给客户足够的时间去思考做决定。如果这个时候打断对方，那成交的事很可能就化为泡影了。

正如有的业务员所说的那样："对方一沉默，我就像被人用枪瞄着，却总也听不见枪响，比挨一枪还难受。"这就是业务新人常犯的沉默恐惧症。

他们认为沉默意味着缺陷。客户的沉默使业务员感到压抑，很冲动地产生打破沉默的念头。相反，有经验的业务员在敦促到一定程度的时候，会主动沉默。这种沉默是允许的，而且也是受客户欢迎的。因为你适时的沉默使客户感到放松，使其不至于因为有催促而做出草率的决定。

其实，沉默的时间并非像有些耐不住的业务员感受的那样漫长。当客户沉默的时候，他比业务员承受的压力要大得多，所以很少有客户的沉默会超过 30 秒。一般来说，客户在你沉默 10 秒最多不超过 20 秒后，他就会对你开口。在这种情况下，客户说出的基本上是实质性的决定。

如果客户传递出马上要考虑的信息，那么现在就给他时间考虑，这总比他说"三天之后你再来电话"好。

在行销中，等待决策是我们经常遇到的，这种时候最主要的就是要很有信心地等待对方的沉默。这样，成交的机会就会大增。

应对抱怨时不要发怒

销售心理学一点通：在面对一个抱怨的客户时，我们除了要耐心倾听和解释外，一定要做到心平气和，面带微笑。

客户投诉时多半情绪激动，或愤怒或哀叹，总之抱怨之声不绝于耳。如此一来，怎样应对抱怨也就成为客户管理人员必修的一堂课。首先，我们先来看一个失败的案例：

在旧金山的一家服装销售公司里，销售员德尔萨正忙着整理这个月的销售记录。突然，一个年轻男子从前门破门而入，挥舞着一条裤子，大声叫喊着："这种牌子的裤子实在是太差了，我花了钱，我……"

德尔萨从椅子上一跃而起，就像消防员听到了四级火警一样，一下子就跳到了门口。

"先生！"德尔萨大喊一声，声音足以盖住那位生气客户的叫喊。"先生，"第二次要轻柔许多，德尔萨道，"请不要在我的店里大声叫嚷。如果这裤子有什么问题，我怎么会把它卖给你？恰恰相反，我保证我们售出的东西都是由质检员专门检查过的。我想是你弄错了吧！这条裤子看来也不像我们公司的货。"

"怎么，你小子想赖账，就是你将它卖给我的，我记得你当时说得天花乱坠，我一时糊涂，竟然上了你的当。"

"先生，不要说了。"说完，他抓过裤子把它随意地扔到了角落。"我会给你一条新的裤子。不就是想要一条新的吗？你这样的人我见得多了。"

"你……我要投诉你。"

从上面的这个案例中，我们看到的是一个根本不懂应对客户抱怨的销售员。他的态度鲁莽，不懂引导客户的情绪。有几处致命的错误，可以说是客户管理人员也容易犯的，总结如下：

1. "请你不要在我的店里大声叫嚷！"

这句话无疑是在对客户发出警告，用命令的口吻来提出要求，会让敏感的客户以为你是在威胁他。

2. "如果这裤子有什么问题，我怎么会把它卖给你？"

这句话一出，所有人都会认为销售员有所暗指：不是我的裤子有问题，一定是你搞错了！这等于宣布客户的抱怨是毫无道理的。

3. "不就是想要一条新的吗？"

这句话最糟糕，就像是宣告客户是个无赖，不过是想讹诈一条裤子而已！这等于否定了客户的要求，且严重地伤害了客户的感情。好比在对客户说："行了，我怀疑你的人品！"

销售人员在面对一个寻求帮助的客户时，切莫犯以上几个低级错误。

一般来说，销售成交后，并不意味着客户对产品 100% 的满意。有的时候，产品经过一段时间使用以后，客户会发现许多地方和购买产品时的想象不完全是一回事，于是，有的客户向你提出抱怨，有的客户会要求维修，有的客户会要求更换产品，有的客户会要求退回产品。不管属于哪种抱怨，你都必须学会娴熟地处理客户的抱怨，否则不但会出现"煮熟了的鸭子飞了"，甚至造成你的声誉扫地，对公司的损失也更大。

一个成功的销售人员，应该想方设法、责无旁贷地为客户解决难题。在面对一个抱怨的客户时，我们除了要耐心倾听和解释外，一定要做到心平气和，面带微笑。对待"上帝"，人们永远不应该发怒。记得用心为客户服务，客户也会非常乐意将热忱回报给我们。

让客户充分感到受益

> 销售心理学一点通：如果想真正赢得客户的信任，就必须使客户感到受益。

很多人在购物时也许有过这样的感受，销售人员对我们说了一通之后，我们却一点儿也听不懂自己能从购买产品中得到什么利益。这就是销售陈述常见的、最突出的错误，即销售人员只从自己的角度陈述自己感兴趣的部分，而没有从客户的角度，强调客户通过购买产品可以获得的实实在在的利益。优秀的销售人员在做销售陈述时，一定要想到客户的需求，从客户的角度出发，强调客户能实际得到的各种利益。

很多时候，客户的需求实际上就是客户的现状与目标之间的差距，客户希望销售人员所推荐的产品或服务能充分满足这个差距，从而实现预期的目标。如果客户认为一件产品不能满足他的需求，就会转向另一件产品。所以销售人员做销售陈述时，要把精力放在这个差距上。

刘先生主要负责戴尔电脑及相关设备的电话销售，有一次他打算从海关那里获得订单。政府机关单位有个习惯，就是大批量的采购总是放在年底的两个月，把一年内的设备预算赶在财政年度结束前安排就绪。这个海关客户以前并没有采购过戴尔的产品，刘先生凭经验推测他们的采购潜力是相当大的，他对客户习惯的采购时间有了充分了解后，打算着力开发这个客户。但是要让客户在众多的品牌中选择戴尔，一定要有与众不同之处。

于是他便开始分析客户的情况：海关的设备经费一向都很充足，价格应该不是最先考虑的因素；客户现有的设备情况：台式机都是国产的品牌，服务器和手提电脑是进口品牌。又发现因为海关的设备多、维护人员有限，所以客户相当看中售后服务，他们希望设备供应商能提供及时的维护服务，以减轻他们的工作负担。

针对这些情况，刘先生制定了一系列方案：在台式机上提供与国内品牌相当的价格，这样戴尔的服务器和笔记本电脑在价格上就有相当的优势；把台式机所损失的利润加在服务器和笔记本电脑上，这样一来在总体利润上并无损失；提供给对方四小时的上门维修服务。客户一下子被台式机优惠的价格和便利的服务吸引了，刘先生也理所当然地得到了所有设备的订单。

在这个例子中，刘先生能够站在客户的立场上，为客户着想，最后让客户真正感受到了利益，从而也使顾客对刘先生有了信任感，事情自然就好做了。

可见，如果想真正赢得客户的信任，就必须使客户感到受益。

一般来说，客户关心的利益有：

1. 为客户省钱

有些产品虽然不能为客户赚钱，但可以为客户省钱。如客户每天都要和国外各分公司联络，销售人员可以对其销售传真机。

2. 为客户省时

到一个地方可以选择飞机和火车，飞机票价比火车票贵，但很多人还是选择飞机，因为坐飞机可以节省时间。效率就是生命，时间就是金钱，特别是在现今时间大于金钱的情形下，假如销售人员能挖掘出产品的省时特性，就不愁销售不出去。

3. 为客户挣钱

一套 ERP 企业的信息化系统管理软件上百万，可是仍然有很多企业使用 ERP。关键的一点是，客户不是看产品的价格，而是看这些产品使用后能帮他们赚多少钱。假如能够提供一套产品帮助客户赚钱，客户自然就会购买它。

4. 为客户带来健康

健康也是当前人们关注的焦点之一。现在的许多产品标识着"无副作用"，强调"绿色产品"，就是为了消除客户的疑虑，满足客户的健康利益。

5. 满足客户的精神需求

提供给客户一种令其精神得到愉悦的产品或服务，是使客户获利的另一途径。在当前娱乐经济繁盛发展的大背景下，显而易见，客户要买的就是快乐。如果销售人员所销售的产品或服务能和客户的兴趣、嗜好结合在一起，能够使客户愉悦、快乐，就一定能让对方购买。歌厅、舞厅、卡拉 OK 等娱乐场所就是这一类产品。

我们要做生活中的有心人，用心关心客户，找到客户的利益点，以便在沟通中，让客户感受到利益，这样我们的销售工作才能异常顺利。

低三下四是下策

销售心理学一点通：卑躬屈膝的推销，不但会直接影响你的形象和人格，而且会使你所推销的产品贬值。

销售人员的常见困惑是：由于对方的身份地位显赫而感到自卑，不自觉地把自己放在低人一等的位置。本想以谦卑的姿态赢得信任，结果却适得其反，赔了面子又丢订单。

俞恒是一个刚进入销售行业不久的新人，平时跟朋友、同事交往时都很自信，而且言谈风趣，不少年轻女孩都很喜欢他。但是当他面对客户，向别人介绍产品时，却好像完全变了一个人。他总觉得自己比客户矮了半截，平日的潇洒自信顿时烟消云散，代之以满脸的怯懦和紧张。

这种情况在他接近那些老总级别的人时，尤为明显。有一次，俞恒获得了一个非常难得的销售机会，不过需要跟那家合资公司的老板面谈。俞恒走进那装饰豪华的办公室，就紧张得不得了，浑身打战，甚至连说话的声音都发起抖来。他好不容易控制自己不再发抖，但仍然紧张得说不出一句话。老总看着他，感到很惊讶。终于，他佝偻着背，磕磕巴巴地说道："王总啊……我早想来见您了啊……我来介绍一下啊……产品"，他那副点头哈腰低三下四的样子让王总觉得莫名其妙，甚至怀疑他有什么不良企图。

会谈于是不欢而散,大好机会就这样被浪费了。

大人物一般来说社会地位高,有一定的社会威望。许多推销员在拜访时经常畏首畏尾。然而销售最大的忌讳就是在客户面前低三下四,过于谦卑。像案例中的俞恒,还未到正式谈判就已经败下阵来。心理素质如此脆弱的人,不失败才怪。

卑躬屈膝地推销,不但会直接影响你的形象和人格,而且会使你所推销的产品贬值。畏畏缩缩、唯唯诺诺的销售员,不可能得到客户的好感,反而会让客户非常失望。因为你的表现证明你不是一个光明正大的人,是个不可信赖的人,那么客户对你所推销的产品就更不相信了。

优秀的推销员要有敢于向大人物推销的勇气。如果你总是逃避,不敢去做你害怕的事情,不敢去害怕去的地方,不敢见大人物,那么机会一定不会因为你害怕而光顾你。

其实,许多你害怕去的地方往往蕴藏着成功的机遇,在大地方向大人物推销往往比向小客户推销容易得多。因为推销员都畏惧这些地方,他们也很少光顾这里。如果你敢于迈出这一步,向大人物推销自己的商品,那么你就很可能成功。

另外,在大人物这里,由于前来推销的业务员很少,因此,他们往往不像小客户那样见到推销员就说"不"。一个真正成功的大人物或者一个从基层干到上层的人,是不会对你的推销感到厌恶的,很多情况下他们会怀着一颗仁慈的心来接纳你,并给你一次机会。

面对客户要不卑不亢,无论对方多么"高大",销售人员都要牢记:他只是你的客户,你们之间是平等的关系。这需要销售人员树立以下几个方面的认识：

正确认识销售工作，销售不是卑贱的行业。

告诉自己："大人物也是有感情的，只要自己努力了，就一定会有好的结果。"

肯定自身的价值，不要自卑。自轻自贱是许多推销员不敢面对大人物的根本原因。

服务时为顾客量身定做

销售心理学一点通：销售的不一定是产品本身，而更多的，是你能否为顾客提供他所需要的服务。

对于每个销售员而言，你所销售的同一件产品是无差别的。例如，卖手机的销售员，销售某品牌或某型号的手机，无论是售出一款还是数百上千款，这件手机产品是没有差别的。然而，所面对的顾客却是形形色色千差万别的。同一款手机，有些人买是为了上网娱乐，有些人是为了听音乐或玩游戏。不同的消费者哪怕对于同一件产品也有不同的需求与偏好。那么，一名出色的销售员如何让同一件产品满足完全不同的人的要求？

答案就是服务。

我们常常听说过一句话，"产品是死的，人是活的"。说的正是我们的产品由于其生产制造的标准化，它对形形色色的消费者来说，是"死"的。然而，我们的消费者以及我们的销售员，都是有不同思想不同需求的活生生的人。正因为我们都是有血有肉的个人，所以销售员才能充分发挥自己的主观创造性，针对不同的消费者，为每个人提供个性化的服务。

服务的概念十分广泛，它包括具有无形特征却可给人带来某种利益或满足感的可供有偿转让的一种或一系列活动。服务具有不可感知性、不可存储性以及品质的差异性。可以说，在产品高度同质化的今天，"服务创造价值"的时代已经来临。我们在进行产品销售的过程中，销售的不一定是产品本身，而更多的是你能否为顾客提供他所需要的服务。

于先生是一个业务繁忙的生意人，常常忙得忘了自己的生日。

又一个生日到来时，于先生收到了一封意想不到的生日贺卡："尊敬的于先生，我们是泰国的东方酒店，您已经有三年没有光顾我们这里了，我们全体员工都非常想念您，希望能再次见到您，今天是您的生日，祝您生日快乐！"

自己忘了生日，远在泰国的酒店的陌生人却还记着！于先生感动得热泪盈眶，他不禁回忆起自己上一次入住东方酒店的情形来：

一大早，当于先生走出房门准备去餐厅用餐时，楼层服务生恭敬地问道："于先生，要用早餐吗？"

于先生奇怪地反问道："你怎么知道我姓于？"

服务生说："按照饭店规定，我昨晚已经背熟所有入住客人的姓名了。"

于先生在惊讶之余高兴地进电梯去往餐厅。刚刚走出电梯，那里的餐厅服务生就鞠躬说："于先生，里面请。"

于先生更疑惑了："你没看我的房卡，也知道我姓于？"

服务生答："上面的电话刚刚下来，说您已经下楼了。"

走进餐厅,服务小姐立即微笑着问:"于先生,还是要您的老位置吗?"

老位置?于先生想自己差不多已有一年的时间没有来这里,上次坐在哪里,自己都不是很清楚了,服务员怎么还记得呢?

看到于先生惊讶的表情,服务小姐马上解释说:"我刚刚查过电脑,您去年的6月8日曾坐在靠近第二个窗口的位子上用餐。"

于先生想起来了,马上说:"老位子,老位子!"

小姐接着问:"还是您的老菜单?一个三明治,一杯咖啡,一个鸡蛋?"

"老菜单,老菜单!"于先生满意地点头。

于先生当时兴奋至极,那是他享受过的最美妙的早餐。

这就是服务的意义。

其实,酒店的服务几乎每个步骤都是完全标准化、无差异化的,而这家东方酒店却善于通过差异化、人性化的服务,为顾客营造"宾至如归"的归属感。这家给于先生留下深刻印象的贴心酒店,相信一定也会成为于先生下一次旅居泰国时的首选。

很多时候,我们都可以采用个性化服务来促进我们的销售。通信服务中通过给顾客定制不同的套餐组合,理财、保险行业的业务员针对特定顾客提供对其有利的业务办理建议,健身会所为每一名会员建立独特的健康档案,这些都是通过差异化的服务,来为自己推销的产品锦上添花。聪明的推销员懂得在推销过程中因人而异,用不同的服务打动不同的人,为每一个顾客提供独一无二的服务,相信你的产品也一定不愁没有销路了。

第三章

销售的实质

——掌控顾客心理

首先要赢得顾客的信任

销售心理学一点通：只有赢得顾客的信任，你才能成功的完成销售工作。

艾丽斯长得很漂亮，从事推销工作没多久时间。她知道电话推销是最快捷、最经济的推销方式之一，也知道打电话的技巧和方法。她几乎用60%的时间去打电话、约访顾客。她努力去做了，可遗憾的是业绩还是不够理想。

她自认为自己的声音柔美、态度诚恳、谈吐优雅，可就是约访不到顾客。

一天，她心生一计。她想到打电话最大的弊端是看不到对方的人，不知道对方长什么样子，缺乏信赖感。为什么不想方设法让对方看到自己呢？

于是，她从影集里找出一张最具美感和信赖感的照片，然后把照片扫描到电脑里去,以电子邮件的形式发给顾客,当然会加一些文字介绍。同时,她又把照片通过手机发到不方便接收电子邮件的顾客手机上去。

一般情况下,她打电话给顾客之前,先要告诉对方刚才收到的邮件或短信上的照片就是她。当顾客打开邮件或短信看到她美丽的照片时,感觉立即就不一样。对她多了几分亲近,多了几分信赖。从此,她的业绩扶摇直上。

赢得顾客的信任,你才能成功的完成销售工作。如果你不能获得顾客的信任,怎么能让人和你成交呢?顾客买你的产品,同时买的也是对你的信任。

贝特格认识一位客户,她是一位高高兴兴的小老太太。她对任何陌生人都持有戒心,之所以同意与贝特格见面,纯粹是因为她的律师做了引荐。

她一个人住,对任何一个她不认识的人都不放心。贝特格在路上时,给她家里打了一个电话,然后抵达时又打了一个电话。她告诉贝特格律师还未到,不过她可以先和他谈谈。这是因为之前贝特格和她说了几次话,让她放松了下来。当这位律师真正到来时,他的在场已经变得无关紧要了。

贝特格第二次见到这位准客户时,发现她因为什么事情而心神不宁。原来,她申请了一部"急救电话",这样当她有病时,就可以寻求到帮助。社会保障部门已经批准了她的申请,但一直没有安装。贝特格马上给社会保障部门打电话,当天下午就装好了这部"急救电话",贝特格一直在她家里守候到整个事情做完。

从那时起,这位客户对贝特格言听计从并给予了他彻底的信任,因为贝特格看到了困扰她的真正事情。现在,她相信贝特格有能力照看她的欲求和需要。这个"额外"的帮忙使得贝特格的投资建议几乎变得多余。这些投资建议是贝特格当初出现在她面前的主要原因,虽然那时她对此并无多大兴趣。贝特格说:"信任有许多源头。有时候,它赖以建立的物质基础和你的商业的建议没有任何关系,而是因为你——作为一名推销员——做了一些额外的小事。恰恰是这点小事,可以为你带来意想不到的收获。"

得到别人如此的信任也是一份不小的荣耀。想必很多人都有这么一个体会:信任会因最奇怪的事情建立,也会被最无关紧要的事情摧毁。忠诚会带来明日的生意和高度的工作满足感。

人们购买的是对你的信任,而非产品或服务。一个推销员所拥有价值最高的东西是客户的信任。成功的推销是感情的交流,而不只是商品。

取得客户信任的方法

销售心理学一点通:要"推销自我",首先必须赢得客户的信任,没有客户信任,就没有展示自身才华的机会,更无从谈起赢得销售成功的结果。

多年来,推销大师贝特格经手了很多保险合同,投保人在保险单上签字。他都复印一份,放在文件夹里,他相信,那些材料对新客户一定有很强的说服力。

与客户的会谈末尾,他会补充说:"先生,我很希望您能买这份保险。也许我的话有失偏颇,您可以与一位和我的推销完全无关的人谈一谈。能借用电话吗?"然后,他会接通一位"证人"的电话,让客户与"证人"交谈。"证人"是他从复印材料里挑出来的,可能是客户的朋友或邻居。有时两人相隔很远,就要打长途电话,但效果更好。

初次尝试时他担心客户会拒绝,但这事从没发生。相反,他们非常乐于同"证人"交谈。

无独有偶,一个朋友也讲了他的类似经历。他去买电烤炉,产品介绍像雪片一样飞来,他该选谁?

其中有一份因文字特别而吸引了他:"这里有一份我们的客户名单,您的邻居就用我们的烤炉,您可以打电话问问,他们非常喜欢我们的产品。"

朋友就打了电话,邻居都说好。自然,他买了那家公司的烤炉。

取得客户的信任有很多种方法,现代营销充满竞争,产品的价格、品质和服务的差异已经变得越来越小。推销人员也逐步意识到竞争核心正聚焦于自身,懂得"推销产品,首先要推销自我"的道理。要"推销自我",首先必须赢得客户的信任,没有客户信任,就没有展示自身才华的机会,更无从谈起赢得销售成功的结果。要想取得客户的信任,可以从以下几个方面去努力:

1. 自信 + 专业

但我们也应该认识到:在推销人员必须具备自信的同时,一味强调自信心显然又是不够的,因为自信的表现和发挥需要一定的基础——"专业"。也就是说，当你和客户交往时，你对交流内容的理解应该力求有"专家"的认识深度，这样让客户在和你沟通中每次都有所收获，进而拉近距离，提升信任度。另一方面，自身专业素养的不断提高，也将有助于自信心的进一步强化，形成良性循环。

2. 坦承细微不足

"金无足赤，人无完人"是至理名言，而现实中的推销人员往往有悖于此，面对客户经常造就"超人"形象，及至掩饰自身的不足，对客户提出的问题和建议几乎全部应承，很少说"不行"或"不能"的言语。从表象来看，似乎你的完美将给客户留下信任；但殊不知人毕竟还是现实的，都会有或大或小的毛病，不可能做到面面俱美，你的"完美"宣言恰恰在宣告你的"不真实"。

3. 帮客户买，让客户选

推销人员在详尽阐述自身优势后，不要急于单方面下结论，而是建议客户多方面了解其他信息，并申明：相信客户经过客观评价后会做出正确选择的。这样的沟通方式能让客户感觉到他是拥有主动选择权利的，和你的沟通是轻松的，体会我们所做的一切是为了帮助他更多地了解信息，并能自主做出购买决策。从而让我们和客户拥有更多的沟通机会，最终建立紧密和信任的关系。

4. 成功案例，强化信心保证

许多企业的销售资料中都有一定篇幅介绍本公司的典型客户，推销人员应该积极借助企业的成功案例，消除客户的疑虑，赢得客户的信任。在借用成功案例向新客户做宣传时，不应只是介绍老客户名称，还应有尽量详细的其他客户资料和信息，如公司背景、产品使用情况、联系部门、相关人员、联络电话及其他说明等，单纯告知案例名称而不能提供具体细节的情况，会给客户留下诸多疑问。比如，怀疑你所介绍的成功案例是虚假的，甚至根本就不存在。所以细致介绍成功案例，准确答复客户询问非常重要，用好成功案例能在你建立客户信任工作上发挥重要作用——"事实胜于雄辩"。

事先调查，了解对方性格

销售心理学一点通：事先了解你的客户，做了充分调查以后，根据客户的性格特点，制订相应的销售策略，让人们愿意和你交流。

有一天，贝特格访问某公司总经理。

贝特格拜访客户有一条规则，就是一定会做周密的调查。根据调查显示，这位总经理是个"自高自大"型的人，脾气很怪，没有什么爱好。

这是一般推销员最难对付的人物，不过对这一类人物，贝特格倒是胸有成竹、自有妙计。

贝特格首先向前台小姐自报家门："您好，我是贝特格，已经跟贵公司的总经理约好了，麻烦您通知一声。"

"好的，请等一下。"

接着，贝特格被带到总经理室。总经理正背着门坐在老板椅上看文件。过了好一会，他才转过身，看了贝特格一眼，又转身看他的文件。

就在眼光接触的那一瞬间，贝特格有种讲不出的难受。

忽然，贝特格大声地说："总经理，您好，我是贝特格，今天打扰您了，我改天再来拜访。"

总经理转身愣住了。

"你说什么?"

"我告辞了,再见。"

总经理显得有点惊慌失措。贝特格站在门口,转身说:"是这样的,刚才我对前台小姐说给我一分钟的时间让我拜访总经理,如今已完成任务,所以向您告辞,谢谢您,改天再来拜访您。再见。"

走出总经理室,贝特格早已浑身是汗。

过了两天,贝特格又硬着头皮去做第二次拜访。

"嘿,你怎么又来啦,前几天怎么一来就走了呢?你这个人蛮有趣的。"

"啊,那一天打扰您了,我早该来向您请教……"

"请坐,不要客气。"

由于贝特格采用"一来就走"的妙招,这位"不可一世"的准客户比上次亲和多了。

事先了解你的客户,做了充分调查以后,根据客户的性格特点,制订相应的销售策略,让人们愿意和你交流。如果鲁莽行事,后果会很糟糕。

积极回应客户的抱怨

销售心理学一点通:学会积极回应客户的抱怨,温和、礼貌、微笑并真诚地对客户做出解释,让他们从不满到满意,相信销售员收获的不仅仅是一次成交,而是客户长久的合作。

俗话说"伸手不打笑脸人"。我们不难联想到自己工作生活中的一些场景：比如当领导发火时，赶紧主动道歉，承担责任；比如约会放人鸽子，见面马上道歉，并想办法让对方开心，这就相当于战争开始前就已经举起了白旗，对方还会忍心对你开枪吗？

微笑和真诚是影响客户情绪的最重要的元素，可以化客户的怒气为平和，化客户的拒绝为认同。

在销售过程中，客户的情绪往往是变化无常的，如果销售人员不注意，则很可能会由于一个很小的动作或一句微不足道的语言使客户放弃购买，而之前所做的一切努力都要付诸东流。尤其是面对客户对于产品的价格、质量、性能等各个方面或大或小、可有可无的抱怨，如果销售员不能够正确妥善地处理，将会给自己的工作带来极大的负面影响，不仅仅影响业绩，更可能会影响公司的品牌。

所以，学会积极回应客户的抱怨，温和、礼貌、微笑并真诚地对客户做出解释，消除客户的不满情绪，让他们从不满到满意，相信销售员收获的不仅仅是这一次的成交，而是客户长久的合作。

客户的抱怨一般来自以下几个方面：

首先，是对销售人员的服务态度不满意。比如有些销售员在介绍产品的时候并不顾及客户的感受和需求，而是像为了完成任务而一味说产品多好；或者是在客户提出问题后销售人员不能给出让客户满意的回答；或是在销售过程中销售员不能做到一视同仁，有看不起客户的现象等。

其次，是对产品的质量和性能不满意，这很可能是客户受到广告宣传的影响，对产品的期望值过高，当见到实际产品，发现与广告中存在差距，就会产生不满。还有一些产品的售后服务或价格高低都会成为客户抱怨的诱因。

销售人员面对这种抱怨或不满,要从自己的心态上解决问题,认识到问题的本质。也就是说,应将客户的抱怨当成不断完善自身的机会。客户为什么会对我们抱怨?这是每一个销售人员应该认真思考的问题。其实,客户的抱怨在很大程度上来自于一种期望,对品牌、产品和服务都抱有期望,在发现与期望中的情形不同时,就会促使抱怨情绪的爆发。而不管客户怎么抱怨,销售人员都能做到保持微笑,认同客户,真诚地提出解决方案,就可能使坏事变成好事,不但不影响业绩,相反会使业绩更上一层楼。

英国有一个叫比尔的推销员,有一次,一位客户对他说:"比尔,我不能再向你订购发动机了!"

"为什么?"比尔吃惊地问。

"因为你们的发动机温度太高了,我都不能用手去摸它们。"

如果在以往,比尔肯定要与客户争辩,但这次他打算改变方式,于是他说:"是啊!我百分之百地同意您的看法,如果这些发动机温度太高,您当然不应该买它们,是吗?"

"是的。"客户回答。

"全国电器制造商规定,合格的发动机可以比室内温度高出华氏72度,对吗?"

"是的。"客户回答。

比尔并没有辩解,只是轻描淡写地问了一句:"你们厂房的温度有多高?"

"大约华氏75度。"这位客户回答。

"那么,发动机的温度就大概是华氏147度,试想一下,如果您把手伸到华氏147度的热水中，你的手不就要被烫伤了吗？"

"我想你是对的。"过了一会儿，客户把秘书叫来，订购了大约4万英镑的发动机。

情绪管理是每一个人都应该必修的课程，对于从事销售的人尤其如此。面对客户的抱怨，销售人员首先要做的就是控制自我情绪，避免感情用事，即使客户的抱怨是鸡蛋里挑骨头甚至无理取闹，销售人员都要控制好自己的情绪，对客户展开最真诚的笑容，用温和的态度和语气进行解释。解释之前一定要先对客户表示歉意和认同，这就是继控制自己情绪之后的第二个步骤：影响客户的情绪，化解他的不满。

在面对客户的抱怨时，销售员最忌讳的是回避或拖延问题，要敢于正视问题，以最快的速度予以解决。站在客户的立场思考问题，并对他们的抱怨表示感谢，因为他们帮助自己提高了产品或服务的质量。

记住，微笑和真诚永远是解决问题的最好方式。微笑多一些，态度好一些，解决问题的速度快一些，就会圆满解决问题。化干戈为玉帛，化抱怨为感谢，化质疑为信赖。抱怨的客户反而很可能会成为你永远的客户。

善于抓住顾客心理

> 销售心理学一点通：不同人有不同的心理，针对不同的心理要采用相应的不同的方法。

在你接触一个新客户时，应该尽快地找出那些不同的购买诱因当中，这位客户最关心的那一点。

最简单有效地找出客户主要购买诱因的方法是通过敏锐地观察以及提出有效的问题。另外一种方法也能有效地帮助我们找出客户的主要购买诱因。这个方法就是询问曾经购买过我们产品的老客户，很诚恳地请问他们："先生／小姐，请问当初是什么原因使您愿意购买我们的产品？"当你将所有老客户的主要的一两项购买诱因找出来后，再加以分析，就能够很容易地发现他们当初购买产品的那些最重要的利益点是哪些了。

如果你是一个推销电脑财务软件的推销员，必须非常清楚地了解客户为什么会购买财务软件，当客户购买一套财务软件时，他可能最在乎的并不是这套财务软件能做出多么漂亮的图表，而最主要的目的可能是希望能够用最有效率和最简单的方式，得到最精确的财务报告，进而节省更多的开支。所以，当推销员向客户介绍软件时，如果只把注意力放在解说这套财务软件如何使用，介绍这套财务软件能够做出多么漂亮的图表，可能对客户的影响并不大。如果你告诉客户，只要花1000元钱买这套财务软件，可以让他的公司每个月节省2000元钱的开支，或者增加2000元的利润，他就会对这套财务软件产生兴趣。

不同人有不同的心理，针对不同的心理要采用相应的不同的方法。在与推销员打交道的过程中，顾客的心理活动大体将经历三个阶段：初见推销员，充满陌生、戒备和不安，生怕上当；在推销员的说服下，可能对商品有所了解，但仍半信半疑；在最后决定购买时，又对即将交出的钞票藕断丝连。

利用顾客心理进行推销是一项高超的技术。但是，这决不意味

183

着利用小聪明耍弄顾客。如果缺乏为顾客服务的诚意，很容易被顾客识破，到头来"机关算尽太聪明，反误了卿卿性命"。推销员的信用等级就可能降为零。

有一个中国商人在叙利亚某个小城镇办完事，到一家钟表店想为朋友买几块手表，恰逢店主不在，店员赔笑道歉："本人受雇只管修理推销，店主片刻即回，请稍等。"说完走进柜台，在录音机里放入一卷录音带，店里立即响起一支优雅的中国乐曲。中国商人本想告辞，忽然听到这异国他乡的店铺传出的乡音，不觉驻足细听。半小时后，主人归来，生意自然做成了。

这位店员很好地抓住了这个中国商人的思乡之情，使其愿意留下等待，最终顺利做成生意。客户心理虽然有机可循，但是推销员也要认真观察，仔细把握才能找出推销的捷径。

第四篇

成交高于一切

——成交前后,心理学护航

第一章

采用优势战术

——关键时刻这样消除心理壁垒

适时强化顾客的兴趣

销售心理学一点通：推销员要在顾客现有的兴奋点上恰当提问、介绍，以强化对方的兴趣，刺激对方的购买欲，以达到销售商品的目的。

有一个中年男子到玩具柜台前闲逛，推销员李华热情地接待了他。男子顺手把摆在柜台上的一只声控玩具飞碟拿起来。

李华马上问："先生，您的孩子多大了？"

男子回答："6岁！"接着把玩具放回原位。

李华说："您的孩子一定很聪明吧？这种玩具刚刚到货，是最新研制的，有利于开发儿童智力。"她边说边把玩具放到柜台上，手拿声控器，开始熟练地操纵玩具飞碟，前进、后退、旋转，展示了玩具飞碟的各种性能，同时又用自信而且肯定的语气说："小孩子玩这种用声音控制的玩具，可以培养出强烈的领导意识。"说着，便把另一个声控器递到男子手里，说:"试试吧，和孩子一起玩，多好。"

于是那位男子也开始玩了起来。这时李华不再说话了。大约2分钟后，男子停下来端详玩具，一脸的兴奋。

李华见机会来了，进一步介绍说:"这种玩具设计很精巧，玩起来花样很多，比别的玩具更有吸引力，孩子肯定会喜欢，来买的顾客很多。"

男子说:"嗯，有意思，一套很贵吧?"

李华仍然保持着微笑:"先生，好玩具自然与低劣玩具的价格不一样，况且跟发展孩子的领导才华比起来，这点钱实在是微不足道。要知道孩子的潜力是巨大的，家长得给他们发挥的机会。您买这种玩具不会后悔的。"她稍停一下，拿出两个崭新的干电池说，"这样吧，这两个新电池免费奉送!"说着，便把一个原封的声控玩具飞碟，连同两个电池，一同塞进包装用的塑料袋递给男子。

男子接过袋子说:"不用试一下吗?"

李华说:"绝对保证质量!如有质量问题，三天之内可以退换。"

男子付了款，高高兴兴地提着玩具走了。

顾客一旦对什么产生了兴趣，一般会立即表现出一种情绪上的兴奋，表明顾客正处于感性状态下，这时推销员一定要抓住使顾客产生兴奋的只言片语，及时重复和反问，或者主动介绍，以强化顾客的兴趣，达到销售的目的。

就像这个案例中的推销员李华，当她看见顾客拿起玩具后，就知道顾客已经对这个玩具产生了一定的兴趣，这时她及时上前询问，当得知顾客的孩子6岁时，又把玩具与培养领导意识等联系起来，并为客户展示玩具的各种性能,让顾客的兴趣进一步被激发出来,这个过程完全取决于推销员的临场能力,既要能够察言观色,又要能随机应变,针对不同的顾客需求使用不同的推销技巧。

当顾客询问价钱时,她又把价钱与玩具能为孩子带来的好处相比较(抓住顾客望子成龙的心理),并免费赠送两节电池,推销员这些策略的目的都是在强化顾客的感知,最终让顾客做出购买决策。

因此,当推销员在销售过程中遇到类似情况时,要在顾客现有的兴奋点上恰当提问、介绍,以强化对方的兴趣,刺激对方的购买欲,以达到销售的目的。

找到促进成交的关键

销售心理学一点通:找到促进成交的关键,成交才会变得容易。

玩具柜台前,一位客户正与推销员进行销售对话。客户想买一个教育性的玩具送人,而售货员建议其买一幅拼图玩具。

客户:"我可看不出一幅拼图有什么价值?"

售货员:"当您说'价值'时,您指的是教育价值呢,还是金钱价值?"

客户:"对我来说,拼图可真是难得够呛,弄得我是焦头烂额,需要的拼块儿老是找不着。我还记得每次我只能拼出几种颜色,完整的一幅图我是从未拼出过。"

售货员:"所以您就觉得拼图很困难,是不是?"

客户:"或许它并不是那么困难,只是因为我不知道怎样拼罢了,现在的拼图是不是更容易些了呢?"

售货员:"(指着盒子的背面)这儿有些拼法说明,文字通俗浅显,遵循这些说明做会很容易。您看,这儿是一系列的拼搭步骤。首先将所有的拼块放在一个平面上,然后再将相同颜色的分门别类地放在一起,接着从四个角开始,一块一块自外而内地拼搭。"

客户:"这样就好多了。我真希望几年前就有这样的说明(哈哈笑了),那样的话拼起来就简单多了。哎,我看看,这几幅拼图倒很不错。瞧,多漂亮的画面啊!我很喜欢小山丘上那些花的颜色。这幅拼图共有多少块儿?"

售货员:"有2000块儿,得花14个小时才能拼完。很漂亮,是不是?"

客户:"你认为小孩子能从中学到什么知识吗?"

售货员:"当然能了。拼图可是孩子学习和培养心理技能的一种很好的途径。"

客户:"你的意思是?"

售货员:"在孩子寻找正确拼块的过程中时,会挑战其想象力,而在拼搭过程中,拼图又会挑战其逻辑能力。从四边向内心拼搭时,则能培养孩子的分析技能。它能培养孩子色彩协调的技巧及对拼块组合的节奏感。另外它还有助于孩子们去创作。"

客户:"创作?此话怎讲?"

售货员:"他们看着盒子上完整的图像,接着开始一次一片地拼搭,而这需要坚持不懈。有时拼块能吻合,有时则不然。这样他们就学会了不断去尝试,一直到拼出与盒子上的图像完全一致的图为止。这也正是我们在现实生活中创作的方式——坚持不懈,不断地进行尝试。"

客户："(停顿了一下)我想你是对的。好,我买了。这真是件很棒的礼物。"

售货员："要不要把它包装起来?我们这儿有些很漂亮的包装纸和装饰画。"

在推销过程中,通过仔细倾听客户说话,推销员要能够确定客户的主要心理过程,勾勒出一幅客户需求的脑像图,然后用恰当的销售语言及产品来与之匹配。只有这样,才有可能满足客户的需求,顺利成交。这个案例就是一个典型案例。

在此案例中,售货员建议客户买一幅拼图玩具送人,当听到客户说"我可看不出一幅拼图有什么价值"后,售货员反问了一句:"当您说'价值'时,您指的是教育价值呢,还是金钱价值?"这句回答重新组织了客户的问题,在客户看来,售货员的这个反问似乎是为了更好地回答自己的问题才确认一下是否理解清楚了,让客户认为售货员在回答他的问题时比较慎重,并不是匆匆忙忙地回避自己的问题。这是售货员沟通技能的一个很好的表现。

当了解到客户是因为觉得拼图很困难才不愿购买后,售货员通过强调拼法说明、文字通俗浅显、色彩及逻辑介绍,取得了客户的认同。接着,售货员又把拼图对小孩子的好处进行了详细地介绍,最后客户认为拼图的价值确实很大,所以决定购买。

在整个推销过程中,售货员既调动客户对产品价值进行思考,又让客户感知到产品的图像和色彩,从而促成了交易。可见,面对客户的异议,一定要先找到问题的关键,然后再进行有针对性的说服,这样才能提高销售成功率。

用第三者搭建信任桥梁

> 销售心理学一点通：客户可能会防范陌生的你，却很少会防范身边的熟人。

通过"第三者"这个"桥梁"，更容易展开话题。因为有"朋友介绍"这种关系，就会在无形中消除客户的不安全感，解除他的警惕，容易与客户建立信任关系。赵明是如何利用这个计谋来进行销售的：

赵明："李先生，您好，我是保险公司的顾问。昨天看到有关您的新闻，所以，找到台里的客户，得到您的电话。我觉得凭借我的专业特长，应该可以帮上您。"

李先生："你是谁？你怎么知道我的电话号码？"

赵明："××保险，您听说过吗？昨天新闻里说您遇到一起交通意外，幸好没事了。不过，如果您现在有一些身体不适的话，看我是不是可以帮您一个忙。"

李先生："到底谁给你的电话呢？你又怎么可以帮我呢？"

赵明："是我的客户，也是您的同事王娟，一起主持过节目。她说您好像有一点不舒服。我们公司对您这样的特殊职业有一个比较好的综合服务，我倒是可以为您安排一个半年免费的服务。如果这次意外之前就有这个免费的话，您现在应该可以得到一些补偿。您看您什么时候方便，我把相关服务说明资料给您送过来。"

李先生："哦，是小娟给你的电话啊。不过，现在的确时间不多，这个星期都要录节目。"

赵明："没有关系，下周一我还要到台里，还有您的两位同事也要我送去详细的说明。如果您在，就正好一起；如果您忙，我们再找时间也行。"

李先生："你下周过来找谁？"

赵明："一个是你们这个节目的制片人，一个是另一个栏目的主持人。"

李先生："周一我们会一起做节目，那时我也在。你把刚才说的那个什么服务的说明一起带过来吧。"

赵明："那好，我现在就先为您申请一下，再占用您5分钟，有8个问题我现在必须替您填表。我问您答，好吗？"

随后，就是详细的资料填写。等到周一面谈时，赵明成功地与李先生签了一年的保险合约。

在故事中，我们看到赵明在接通潜在客户李先生的电话、自报家门后，李先生的防范心理是显而易见的，这时候，如果销售员不能及时消除客户的这种心理，客户就很有可能会马上结束电话。但赵明是一个非常聪明的销售员，他在打电话之前就已经做了充分的调查和准备，并事先想好了用李先生的熟人来"搭桥"的"计谋"，早已经制订了详细的谈话步骤。

在接到潜在客户警惕性的信号后，赵明先以对方遇到一起交通意外、可以为其提供帮助为由，初步淡化了客户的警惕心理；然后，又借助李先生同事小娟的关系彻底化解了对方的防范心理，取得了潜在客户的信任，成功地得到了李先生的资料以及一年的保险合约。

可见，销售员在准备与潜在客户接触前，一定要有所准备，先设计好"计策"，然后再按计策的步骤缓缓推进，特别是要善于利用第三者——潜在客户周围的人的影响力，这是获得潜在客户信任最有效的方法。毕竟，客户可能会防范陌生的你，却很少会防范身边熟人的道理。

让客户没机会说拒绝

销售心理学一点通：成功的销售员会通过各种方法诱导客户，让他们没有机会说"不需要"。

失败销售员与成功销售员的区别其实只是那么一丁点，那就是失败的销售员往往一开始就被拒绝了，而成功的销售员会通过各种"诡计"诱导客户，让他们没有机会说"不需要"。我们通过下面这两个销售场景身临其境地来感受一下其中的区别，做一名成功的销售员也许并没有想象中的那么难。

场景一：

小李：您好，请问是孙先生吗？
客户：是的，你是哪位？
小李：是这样的，孙先生，我是××公司的小李，我是通过物业处查到您的电话的。
客户：找我有什么事情吗？
小李：我公司最近生产了一种产品，可以及时地维护您的下水道，从而避免下水道的堵塞。

客户：是吗？非常抱歉，我家的下水道一直都很正常，我们现在还不需要。谢谢！

小李：没关系，谢谢！

场景二：

小王：您好，请问是孙先生吗？

客户：是我！什么事？

小王：孙先生您好，我是受××小区管理处之托，给您打电话的。有件事情我一定要告诉您，不知道您是否听到过这件事：上个月小区内B座有几个家庭发生了严重的下水道堵塞现象，客厅和房间里都渗进了很多水，给他们的生活带来了很大的不便？

客户：没有听说过呀！

小王：我也希望这不是事实，但的确发生了。很多家庭都在投诉，我打电话给您就是想问一下，您家的下水道是否一切正常？

客户：是呀，现在一切都很正常。

小王：那就好，不过我觉得您应该对下水道的维护问题重视起来，因为B座的那几个家庭在没有发生这件事之前与您一样，感觉都很正常。

客户：怎样维护呢？

小王：是这样，最近我们公司组织了一批专业技术人员，免费为各个小区用户检查下水道的问题。检查之后，他们会告诉您是否需要维护。现在我们的技术人员都非常忙，人员安排很紧张。您看我们的技术人员什么时候过来比较合适？

客户：今天下午三点就过来吧！谢谢你！

　　看似最短的路，往往有可能走不通。而迂回的路，有时候却往往是最直的路。世道艰难，我们不使用谋略，一门子单纯地横冲直撞怎么能行呢？特别是在智商与情商角逐最为激烈的销售活动中。

　　很明显，场景一中的销售员小李肯定是个直爽人，直接就点明了自己的意图，结果被客户的一个"不需要"拒绝了，且毫无还击之力。而场景二中的销售员小王显得理智一些，他非常会绕弯子，先跟客户说，他听说客户所住小区的楼道里发生了地下道严重堵塞，问客户家的下水道是否正常。这先让客户产生了好奇心，进而又觉得小王确实是在关心他，所谈到的问题也跟自己的切身利益相关。之后小王又故意提醒客户要重视这个问题，客户自然被激发了需求，忍不住主动问小王要怎么维护。于是，小王就水到渠成地跟客户说可以让本公司的专业技术人员帮他免费检查下水道的问题。这个客户当然乐意，答应也是理所当然的事情。

　　在推销的时候，如何避免客户说"不需要"呢？这里有三个随时可以拈来即用的计策：

1. 在销售产品和服务之前，首先推销自己

　　从客户的心理来看，往往是在接纳了销售员本人之后，才乐意接受其推销的产品和服务的。推销的过程是一种在销售员和客户之间实现信息交流和商品交换的过程。要使两者之间的交往圆满进行下去，需要以信任为基础。销售员要以自己的人格作担保去和客户接洽，销售员只有诚心诚意地对待顾客，树立良好的人格形象，才能使顾客放心。

2. 站在顾客的立场上考虑问题

　　从事销售工作，如果只想怎样把产品卖出去，而不考虑客户所关心的问题，往往会遭到拒绝。销售员如能设身处地站在客户的立场上考虑问题，通常是化解拒绝的一条有效途径。如果销售员充分利用职业优势，平时多做有心人，适时地给客户提供有益的信息，帮助他们解决经验上的难题，这样自然会受到顾客的欢迎。你为顾客解决了难题，作为回报，顾客当然会主动地解决你的难题——购买你的产品。

3. 注意创造需求

　　销售员不仅要寻找目标客户，还要去创造和发现需求者，销售员的责任就是让顾客从更大的消费空间充分认识到不为他们所知的需求。一流销售员的高明之处，往往是把一部分的精力投放在对自己的产品还没有多少需求的客户身上，先是认真地播下"需求"的种子，然后小心翼翼地培养，剩下便是耐心等待收获了。

不因拒绝而止步不前

销售心理学一点通：客户的拒绝是对你的激励，你需要继续前行。

　　有位很认真的保险推销员，当客户拒绝他时，他站起来，拎着公文包向门口走去，突然，他转过身来，向客户深深地鞠了一躬，说："谢谢你，你让我向成功又迈进了一步。"

　　客户觉得很意外，心想：我把他拒绝得那么干脆，他怎么还要谢我呢？好奇心驱使他追出门去，叫住那位小伙子，问他，为什么被拒绝了还要说谢谢？

那位推销员一本正经地说:"我的主管告诉我,当我遭到40个人的拒绝时,下一个就会签单了。你是拒绝我的第39个人,再多一个,我就成功了。所以,我当然要谢谢你。你给我一次机会,帮我加快了迈向成功的步伐。"

那位客户很欣赏小伙子积极乐观的心态,马上决定向他投保,还给他介绍了好几位客户。

作为一个推销员,被客户拒绝是难免的,对新手来说也是比较难以接受的。但是再成功的推销员也会遭到客户的拒绝。关键在于优秀的推销员认为被拒绝是常事,并抱着被拒绝的心理准备,并且怀着征服客户的自信,最终完成推销。即使失败了,他们也会冷静地分析客户的拒绝方式,找出应付的方法,当下次再遇到这类拒绝时,就会胸有成竹了。这样,遇到的拒绝就会越来越少,成功率也会越来越高。其实,要想真正取得成功,就得在客户拒绝时保持从容不迫的气魄和勇气,保持彬彬有礼的服务态度,不气馁。

了解并善用客户的喜好

销售心理学一点通:如果你能找到客户的喜好并加以肯定,客户的心结就很容易被打开。

对客户的了解,不能仅限于他的名字、职业等基本资料,为了更好地接近客户,与客户建立良好的关系,必须了解客户的喜好,并巧妙地运用此点,谈客户喜欢的话题,做客户喜欢做的事,这样会让你的推销变得轻松自如。

从心理学上讲，人们都希望被肯定，如果你能找到客户的喜好并加以肯定，客户的心结就很容易被打开。这是打破客户心墙，让销售成功的关键。

有位推销员第一次去大城市推销，好不容易找到客户的商店时，客户正忙着招呼客人，他三岁的小儿子独自在地板上玩耍。推销员便陪他的儿子玩耍。小男孩很可爱，他们很快就成了朋友。客户一忙完手中的事，推销员做了自我介绍，但并没有急着推销，只谈他的小儿子。后来，客户就邀请推销员说："看来你真是喜欢我儿子，晚上就来我家，参加他的生日晚会吧，我家就在附近。"

这位推销员在街上逛了一圈，就去了他家。大家都很开心，他一直到最后才离开，当然离去时手里多了一笔订单——那是一笔他从未签过的大单。其实他并没有极力推销什么，只不过对客户的小儿子表示友善而已，就和客户建立了良好的关系，并完成了交易。

真正把客户当成你的朋友，多了解你的客户，关心他们，从他们的喜好出发关心客户，你就能成为让客户信任的人，销售自然而然就能成功。

关键时可允许先试后买

销售心理学一点通：先让客户试用产品。当他们真正尝到产品的甜头甚至离不开产品时，不用你多费口舌，他们都会主动购买。

一次，美国杰出的销售员博恩·崔西的朋友与他打赌，让这位优秀的销售员想办法把几只小猫卖给从来都不养猫的人。结果,博恩·崔西轻松地赢得了。朋友好奇地问他是怎么做到的,博恩·崔西笑着告诉他:"很简单,我把猫卖给我周围的邻居时,告诉他们可以先让小猫留在家里过夜,如果他们不喜欢可以不付钱,第二天再送回来就是了。结果,这些邻居和可爱的小猫相处一夜后,都无一例外地喜欢上了这些小家伙。"

博恩·崔西用的这个办法是在推销中经常采用的"试用法",针对那些对于产品存在疑虑会暂时需求的客户,不妨施行先试后销的方法,让他们在试用的过程中了解到产品的特性。这样一来,他们很可能会因此对产品产生兴趣,进而签下订单。

有一名推销机床的推销员来到一家工厂,他所推销的机器要比这家工厂正在使用的所有机器速度都快,而且用途广、坚韧度高,只是价格高出该厂现有机器的10倍以上。虽然该厂需要这台机器,也能买得起,可是因价格问题,厂长不准备购买。

推销员说:"告诉你,除非这台机器正好适合你的车间,否则我不会卖给你。假如你能挤出一块地方,让我把机器装上,你可在这里试用一段时间,不花你一分钱,你看如何?"

厂长问:"我可以用多久?"他已想到可把这台机器用于一些特殊的零部件加工生产中。如果机器真像推销员说的那样能干许多活的话,他就能节省大笔劳工费用。

推销员说:"要真正了解这种机器能干些什么,至少需要三个月的时间,让你使用一个月,你看如何?"

机器一到，厂长就将其开动起来。只用了四天时间，就把他准备好的活完成了。机器被闲置在一边，他注视着它，认为没有它也能对付过去，毕竟这台机器太贵了。正在此时，推销员打来电话："机器运行得好吗？"厂长说："很好。"推销员又问："你还有什么问题吗？是否需要进一步说明如何使用？"厂长回答："没什么问题。"他本来在想要怎样才能应付这位推销员，但对方却没提成交之事，只是询问机器的运行情况，他很高兴，就挂了电话。

第二天，厂长走进车间，注意到新机器正在加工部件。在第二个星期里，他注意到新机器一直在运转。正像推销员所说的那样，新机器速度快、用途多、坚韧度高。当他跟车间的工人谈到新机器不久就要运回去的时候，车间主任列出了许多理由，说明他们必须拥有这台机器，别的工人也纷纷过来帮腔。"好吧，我会考虑的。"厂长回答说。

一个月后，当推销员再次来到工厂时，厂长已经填好了一份购买这台新机器的订单。

"耳听为虚，眼见为实"，而亲自操作试用则更具有说服力。与其费劲口舌，不如让事实说话，先让客户试用产品。当他们真正尝到产品的甜头甚至离不开产品时，不用你多费口舌，他们都会主动购买。

采用先价值后价格的技巧

> 销售心理学一点通：销售员不要老在价格上与顾客纠缠，因为价格永远对销售员不利，事实上一个总是通过降价来达成销售的销售员不是优秀的销售员。

销售经验告诉我们：价格对顾客而言永远都是偏高的，他们总觉得商家多赚了他们的钱。所以关键是销售员要让顾客觉得商品值这个价格。

以下这些常见的销售场景就是我们销售员经常会犯的错误：

顾客："你们的产品听说还不错，就是贵了点。"

销售员一："我们的产品比其他产品要高档、耐用，富贵花园（当地高档住宅）的人很多买我们的品牌，觉得有面子。"

销售员二："电器是用一辈子的，要买就买好的。"

销售员三："我们的产品比别人的口碑都好，这您也知道，贵也贵得实在。"

销售员四："拜托，这样子还嫌贵。"

销售员五："小姐，那您多少钱才肯要呢？"

销售员六："打完9折下来也就180元，已经很便宜了。"

销售员七："连我们这里都嫌贵，那你在全中国都买不到。"

销售员八："无论我们标价多少，顾客都会觉得贵的啦！"

场景中，从顾客的话里可以听出来，顾客的买点是"使用感觉好（感觉不错）+ 比较实惠的价格（就是贵了点）"。

第一个场景中，显然这句话说明销售员对产品的定位是"使用感觉比较好 + 高档产品高端消费"，这正好与顾客的定位相左。也就等于对顾客进行了错误的暗示：这款产品是高端产品，是给大款用的，所以才贵。这时顾客会想，那等以后有钱再说吧。

第二个场景等于告诉顾客正确的价值取向是"买贵的才是好的"。换言之，等于是同意了顾客的看法：这款机型就是贵！但顾客其实想买的是好而不贵的产品，销售员这样应对就不是要成交，而是要"断交"，根本没和顾客说到一块儿去。

第三个场景还是在"贵"上打转转，并没有从顾客的立场解释为什么这款产品其实并不贵。

第四个场景暗示顾客如果嫌贵就不要买了，隐约有一种看不起顾客的味道。

第五个场景过早陷入到讨价还价的被动局面，很容易使顾客对货品质量失去信赖，纯粹属于销售员自己主动挑起价格战，使得价格谈判代替商品价值成为决定顾客购买的关键因素。

第六个场景属于销售员主动让步，使自己在后续的价格谈判中失去了回旋的空间。

第七个场景显得太狂妄自大，令顾客感觉很不舒服。

第八个场景抢白顾客，暗示顾客不讲理。

顾客的需求本来是"好用 + 实惠"，以上场景中的销售员都没有从这一根本点出发解释"好用 + 实惠"。你不从顾客的买点出发，就没有交易可言了。抱怨产品价格贵，这是多数顾客会说的话，对于这类顾客，销售员与顾客对价格进行反复讨论是最不明智的。销售员不能因为顾客说贵了，就惊慌失措或者生气。而应该采取"先价值后价格"的计策，通过列举产品的核心优点，在适当的时候与比自己报价低的产品相比较，列举一些权威专家的评论及公司产品获得的荣誉证书或奖杯等实例从多方面引导认可"一分钱一分货"的道理，让顾客充分认识到产品能给他带来的价值，消除顾客认为"昂贵"的感觉。

  销售人员要告诉顾客一个道理，即买东西其实不一定是越便宜越好，关键是要看是否适合自己。所以销售员可以通过强调商品的卖点，告诉顾客付太多的钱并不明智，但付太少的钱风险更大的道理。付得太多，你只是损失掉一点钱，但如果你付得太少，有时你会损失所有的东西，因为商业平衡的规律告诉我们想付出最少而获得最多几乎不可能。销售员可以如此引导顾客认识，并询问顾客的看法。如果对方默认或点头就立即用假设成交法建议顾客成交。所谓假设成交法就是假定顾客已经决定购买，而在细节上面询问顾客或者帮助对方做出决定。使用假设成交法前应该首先询问对方一两个问题，在得到顾客肯定的表示后再使用效果会更好。

  销售员："确实，我承认如果单看价格，您有这种感觉很正常。只是我们的价格之所以会稍微高一些，是因为我们在质量上确实做得不错，我想您一定明白买对一样东西胜过买错三样东西的道理，您也一定不希望东西买回去只用几次就不能再使用了，那多浪费呀，您说是吧？我们这个品牌的专用灯具使用寿命长达8000小时，是普通白炽灯和灯具的8倍。又具有节能功能，能达到白炽灯60瓦的亮度，但是耗电量只需白炽灯的20%。虽说买时贵，但您用时就便宜啦。我给您算笔账您就清楚了。"

销售员在采用"先价值后价格"的计策之前,要学会收集和整理一些非常经典的说服辞令,譬如:"买对一样东西胜过买错三样东西。"有许多顾客往往就是因为受这些非常新颖语句的触动而改变了自己的购买习惯。

在推介产品的过程中,销售人员要把握住产品的品质、工艺与外观等方面的优点,同时采用比较法、拆分法等计策向顾客友好地解释产品物超所值的原因,设法让顾客理解你产品的价值和认同由此带来的利益,让他们相信产品的价格与价值是相符的。另外,在列举要点的同时,销售人员可引用一些感性的数值,或者做一些辅助性的演示工作,加强销售话术的可信度。

第二章

拔掉钉子，临门一脚促成交

——排除异议，化解抱怨

以让利促进销售成交

> 销售心理学一点通：在发现一个很有潜力也很有实力长期合作下去的客户时，一定要学会主动放弃眼前利益，追求更长久的合作。

莱文的公司是一家以销售产品原材料为主的公司，曾经与某公司有过长期的合作关系，莱文以合同规定的价格向他们销售原材料。

一次，这家公司的副总裁沃尔森提出想要与莱文全面协商一些重要的合作事宜。

莱文如约和沃尔森会晤。莱文知道他想要干什么。果然不出所料，他对莱文说："我反复地翻阅了一下我们以前所签的合同，发现我们现在无法按照原定合同规定的价格向你购买原材料，原因是我们发现了更低的价格。"

莱文本来可以对他说"我们白纸黑字的早就签好了合同，你不可以单方面撕毁合约的，至于其他的事，我们等这次合同期满之后再谈"。

这样，即使沃尔森再不情愿，也只能履约而不能擅自停止采购原材料，但他无疑会因此而感到不舒服。

此时莱文的事业正在蓬勃发展，他需要与这个重要的客户保持长期而又稳定的合作关系，于是，莱文说："那么，请你告诉我你想出什么价？"

沃尔森说："我们要求也不高，单价15美分可以吧。"接着他向莱文解释了一下之所以提出这一降价要求的原因。原来有一家远在数百公里以外的公司给出了14美分的价格，但从那里把原材料运过来，需要另加2美分的运费。所以沃尔森要求把单价降到15美分。"

莱文沉吟了一下，在纸上算了一会儿，然后抬起头来对沃尔森说道："我给你12美分。"

沃尔森不由得大吃一惊，不相信地问道："你在说什么？是说要给我12美分吗？可我说过我们15美分就可以接受。"

莱文说："我知道，但是我可以给你们12美分的价格。"

沃尔森问："为什么？"

莱文说："请你告诉我你打算与我们合作多长时间？"

沃尔森说："这个自然是看我们彼此合作的情况来定了，就目前来讲，我很乐意与贵公司保持长久而愉快的合作关系。"

莱文得到了一个长期合作的承诺，对方得到了一个满意的价格。

在现代社会里，消费者是至高无上的，没有一个企业敢蔑视消费者的意志。只考虑自己的利益，任何产品都会卖不出去。因此，推销员在销售自己的产品时，一定要进行深入思考，既要考虑自身利益，还要考虑客户的利益，只有做到互惠互利，才能把销售工作搞好。

尤其是在面对一些销售难题的时候，如果主动给客户一个好价格，不仅可以使销售难题迎刃而解，更可以以牺牲一小部分利益来换取更大的利益。这个案例就是一个以主动让利获得长远利益的典型案例。

案例中，莱文与沃尔森已有长期的合作关系，但因客户发现了更低的价格，双方再次会晤商谈。我们可以看到，当沃尔森提出价格问题时，莱文知道客户已经进行过调查，这是客户做出的理性决策，而自己只有主动让利，才能让客户满意。

于是，他并未要求客户按合同执行，而是询问对方可以接受的价格，当沃尔森提出15美分的价格时，莱文通过计算，最后给出了12美分的价格，让对方始料不及，既让客户认为得到了一个好价格，又让客户感觉到莱文希望长期合作的诚意，加深了好感，为以后的合作打下良好的基础。

主动让利，既让客户得到了利益，又让自己获得了长远的利益。因此，作为一个杰出的推销员，在发现一个很有潜力也很有实力长期合作下去的客户时，一定要学会主动放弃眼前利益，追求更长久的合作，以获得长远的利益。

演绎能力解除顾虑

销售心理学一点通：推销员要善于抓住顾客话语中的结论性语句，然后发挥自己的演绎能力，找出符合那个结论的各种现象，从而取得顾客的认同。

王鹏是从事煤气炉推销工作的，一次，他向一位顾客推销煤气炉，经过宣传、解释，顾客有了购买的意向。但在最后时刻，顾客变了卦。顾客说："你卖的煤气炉 588 元一个，太贵了。"

王鹏不慌不忙地说："588 元也许是贵了一点儿。我想您的意思是说，这炉子点火不方便，火力不够大，煤气浪费多，恐怕用不长，是不是？"

顾客接着说："点火还算方便，但我看煤气会消耗很多。"

王鹏进一步解释说："其实谁用煤气炉都希望省气，省气就是省钱嘛。我能理解，您的担心完全有道理。但是，这种煤气炉在设计上已充分考虑到顾客的要求。您看，这个开关能随意调节煤气流量，可大可小，变化自如；这个喷嘴构造特殊，使火苗大小平均；特别是喷嘴周围还装了一个燃料节省器，以防热量外泄和被风吹灭。因此，我看这种炉子比起您家现在所用的旧式煤气炉来，要节约不少煤气。您想想是不是这么回事？"

顾客觉得王鹏说得有道理，低头不语。王鹏看出顾客心动了，马上接着问："您看还有没有其他的顾虑？"

顾客的疑虑完全打消了，再也说不出拒绝购买的理由了，随即说道："看来这种煤气炉真的很好，那我就要一个吧！"

人类具备两个基本的逻辑思维能力：一个是归纳，一个是演绎。推销员经常与顾客沟通，对这两种能力应用的要求表现在：一个是讲述现象，一个是讲述结论。从现象到结论是一个归纳的过程，从结论到现象是一个演绎的过程。这两个能力都需要较强的思维能力。这个案例就是以演绎能力制胜的典型案例。

在案例中，顾客在有了购买意向后，突然变卦说煤气炉太贵了，很显然顾客有了异议，当然这也可能是顾客拒绝购买的借口。推销员王鹏了解了顾客的想法后，说："588元也许是贵了一点儿。"这句话中，王鹏首先承认顾客的立场，然后把对方的抽象立场转换成具体的有关商品本身的性能问题，因为这些都是可以检验的。同时，商品价格的高低，只有与商品的性能联系在一起，才有客观的标准。

果然，顾客又说："点火还算方便，但我看煤气会消耗很多。"很显然，顾客的拒绝已从"价钱太贵"缩小到"煤气消耗太多"上来了。王鹏抓住"煤气消耗太多"这个结论，开始发挥自己的演绎能力，为顾客详细解释了产品是如何节约煤气的，完全打消了顾客的顾虑，最终客户决定购买。

可见，在推销过程中，推销员要善于抓住顾客话语中的结论性语句，然后发挥自己的演绎能力，找出符合那个结论的各种现象，从而取得顾客的认同，最后成功签单。

找到客户异议的症结

> 销售心理学一点通：错误的异议化解方式不但无助于推进销售，反而可能导致新的异议，甚至成为推销失败的重要因素。

一位客户想买一辆汽车，看过产品之后，对车的性能很满意，现在所担心的就是售后服务了，于是，他再次来到甲车行，向推销员咨询。

准客户："你们的售后服务怎么样？"

甲推销员："您放心，我们的售后服务绝对一流。我们公司多次被评为'消费者信得过'企业，我们公司的服务宗旨是顾客至上。"

准客户:"是吗?我的意思是说假如它出现质量等情况怎么办?"

甲推销员:"我知道了,您是担心万一出了问题怎么办?您尽管放心,我们的服务承诺是一天之内无条件退货,一周之内无条件换货,一月之内无偿保修。"

准客户:"是吗?"

甲推销员:"那当然,我们可是中国名牌,您放心吧。"

准客户:"好吧。我知道了,让我用点儿时间考虑考虑再说吧。谢谢你。再见。"

在甲车行没有得到满意答复,客户又来到对面的乙车行,乙推销员接待了他。

准客户:"你们的售后服务怎么样?"

乙推销员:"先生,我很理解您对售后服务的关心,毕竟这可不是一次小的决策,那么,您所指的售后服务是哪些方面呢?"

准客户:"是这样,我以前买过类似的产品,但用了一段时间后就开始漏油,后来拿到厂家去修,修好后过了一个月又漏油。再去修了以后,对方说要收5000元修理费,我跟他们理论,他们还是不愿意承担这部分的费用,没办法,我只好自认倒霉。不知道你们在这方面怎么做的?"

乙推销员:"先生,您真的很坦诚,除了关心这方面之外些还有其他方面吗?"

准客户:"没有了,主要就是这个。"

乙推销员:"那好,先生,我很理解您对这方面的关心,确实也有客户关心过同样的问题。我们公司的产品采用的是欧洲最新AAA级标准的加强型油路设计,这种设计具有极好的密封性,即使在正负温差 50 度，或者润滑系统失灵 20 小时的情况下也不会出现油路损坏的情况，所以漏油的概率极低。当然，任何事情都有万一，如果真的出现了漏油的情况，您也不用担心。这是我们的售后服务承诺：从您购买之日起 1 年之内免费保修，同时提供 24 小时之内的主动上门的服务。您觉得怎么样？"

准客户："那好，我放心了。"

最后，客户在乙车行买了中意的汽车。

在推销过程中，客户提出异议是很正常的，而且异议往往是客户表示兴趣的一种信号。但遗憾的是，当客户提出异议时，不少新入行的推销员往往不是首先识别异议，而是直接进入到化解异议的状态，这样极易造成客户的不信赖。所以，错误的异议化解方式不但无助于推进销售，反而可能导致新的异议，甚至成为推销失败的重要因素。这个案例就是这类问题的典型代表。

案例中，客户提出"你们的售后服务怎么样"，这个问题是客户经过慎重考虑提出来的，是一种理性思考的结果。这时候，要化解客户的异议就需要推销员具有超强的应变能力，并促使其决策。

甲推销员显然不懂得这个道理，当客户提出疑问后，他在还没有识别客户的异议时，就直接去应对，给出了自以为是的答案，客户没有感到应有的尊重，认为推销员回答不够严谨，因此推销失败也就不足为奇了。

与之相反的是，乙推销员则采用了提问的方式："您所指的售后服务是哪些方面呢？"这种询问给予客户被尊重的感觉，同时也协助客户找到了问题的症结所在，然后又利用自己的专业知识，轻松化解了客户的问题，获得了推销的成功。

这个案例表明，对客户异议的正确理解甚至比提供正确的解决方案更重要。至少，针对客户异议的提问表达了对客户的关心与尊重。推销员只有找到症结所在，才能顺利成交。

迅速行动避免推脱

销售心理学一点通：客户都很忙，如果不能立即行动，就会错失良机。

客户在索要了有关××保险的5年期两全保险的资料后就没有联系了，因此销售人员主动给客户打电话了解客户的具体要求。

销售人员："李先生，您好，上次我给您送来的保险资料都看过了吧？"

客户："看过了！"

销售人员："有没有什么具体的问题，我能否帮您呢？"

客户："不用，我基本了解了。我现在挺忙，等有时间我再给您电话，可以吧？"

销售人员："保险主要保的就是意外，如果您特别忙，说明经常在外，安全系数就比较低，如果投保了，对家人总是一种安慰，您说呢？"

客户："我知道，现在不说了，我还在开会，确实太忙，我一定给您电话的。"

销售人员："我们上门，一点都不麻烦，只要5分钟。5分钟如果可以获得一个妥当的保险还是值得的，您忙，我们候着您。"

客户："不行呀，这个会完了立刻就要走。"

销售人员："我知道您肯定特别忙，不然您就给我电话了。我这个电话的意思是，我们××保险有一个精神，那就是不能由于客户忙而耽误了客户感兴趣的保险，不能由于您忙而让您无法享受我们的优质服务，这样，我们约一个时间，我过来。"

客户："您过来呀？我还在开会呀。"

销售人员："不要考虑我，您开会，我等您。××保险的精神不能在我这里停滞，您说地点吧。"

客户："不行呀，这个会完了，我可能立刻就要走，肯定没有时间与您谈。"

销售人员："我们不用长谈，5分钟就够，实在不行，我与您的秘书具体谈一下也行，其实我都已经在路上了，我来核实一下您的具体地址。"

客户："都已经在路上了？那好吧，地址是……"

"没有时间"似乎成了现代人的口头禅，而且用来作为拒绝的理由也显得特别充足。其实"没有时间"是一个相对的概念。问题的关键在于：对自己很重要的事情，人们总会有时间；当觉得某件事不那么重要时，人们总会想办法推托。当销售人员打电话给客户，客户说"我现在很忙，没有时间，以后再说吧"时，这种情况只能说明一个道理，这位销售人员的电话对这位客户来说并不重要，客户手里边的任何一件事都比接听这位销售人员的电话重要。

其实解决这个问题很简单，就是销售人员务必要让自己的电话听起来是对对方有用的，而且非常重要。过于平淡的话语不足以打动一个商业上忙碌的生意人,要从实质上打动客户。应对繁忙的客户首先要强调占用的时间是短暂的,其次要及时采取行动,从而成功签单。

传达"一分价钱一分货"的价值理念

> 销售心理学一点通:当顾客认为价格高时,你要使他相信一分价钱一分货。

客户:"我是××防疫站陈科长,你们是某某公司吗?我找一下你们的销售。"

电话销售:"哦,您好!请问您有什么事?"

客户:"我想咨询一下你们软件的报价,我们这里想上一套检验软件。"

电话销售:"我们的报价是98800元。"

客户:"这么贵!有没有搞错。我们是防疫站,可不是有名的企业。"(态度非常高傲)

电话销售:"我们的报价是基于以下两种情况:首先从我们的产品质量上考虑,我们历时5年开发了这套软件,我们与全国多家用户单位合作。对全国的意见和建议进行整理,并融入我们的软件中。所以我们软件的通用性、实用性、稳定性都有保障。另外,我们的检验软件能出检验记录,这在全国同行中,我们是首例,这也是我们引以为傲的。请您考察。"

客户:"这也太贵了!你看人家成都的才卖5万元。"

电话销售:"陈科长,您说到成都的软件,我给您列举一下我们的软件与成都的软件的优缺点：咱们先说成都的，他们软件的功能模块很全，有检验、体检、管理、收费、领导查询等，但他们软件的宗旨是将软件做得全而不深。而我们的宗旨是将软件做到既广又深，就检验这一块来说，他们的软件要求录入大量的数据和需要人工计算，他们实现的功能只是打印，而再看我们的，我们只需要输入少量的原始数据即可，计算和出检验记录全部由计算机完成。这样既方便又快捷。另外，我们的软件也有领导查询和管理功能。在仪器和文档方面我们的软件也在不断改进，不断升级。"

客户："不行，太贵。"（态度依然强硬）

电话销售："您看，是这样的，咱们买软件不仅买的是软件的功能，更主要的是软件的售后服务，作为工程类软件，它有许多与通用性软件不同的地方。我们向您承诺，在合同期间我们对软件免费升级、免费培训、免费安装、免费调试等。您知道，我们做的是全国的市场，这期间来往的费用也是很高的，这我们对您也是免费的。另外，在我们的用户中也有像您这样的客户说我们的软件比较贵，但自从他们上了我们的软件以后就不再抱怨了，因为满足了他们的要求，甚至超过了他们的期望。我们的目标是：利用优质的产品和高质量的售后服务来平衡顾客价值与产品价格之间的差距，尽量使我们的客户产生一种用我们的产品产生的价值与为得到这种产品而付出的价格相比值的感觉。"

客户："是这样啊！你们能不能再便宜一点啊？"（态度已经有一点缓和）

电话销售："抱歉，陈科长您看，我们的软件质量在这儿摆着，确实不错。在10月21号我们参加了在上海举办的上海首届卫生博览会，在会上有很多同行、专家、学者。其中一位检验专家，他对检验、计算机、软件都很在行，他自己历时6年开发了一套软件，并考察了全国的市场，当看到我们的软件介绍和演示以后当场说：'你们的和深圳的软件在同行中是领先的。'这是一位专家对我们软件的真实评价。我们在各种展示中也获过很多奖，比如检验质量金奖、检验管理银奖等奖项。"

客户："哦，是这样啊！看来你们的软件真有一定的优点。那你派一个软件系统工程师过来看一下我们这儿的情况，我们准备上你们的系统。"

至此，经过以上几轮谈判和策略安排，销售人员产品的高价格已被客户接受，销售人员的目标已经实现了。在与别人谈判的过程中，如何说服你的客户接受你的建议或意见，这其中有很大的学问，特别是在价格的谈判中。以下是价格谈判中的一些技巧和策略：

（1）在谈判过程中尽量列举一些产品的核心优点，并说一些与同行相比略高的特点，尽量避免说一些大众化的功能。

（2）在适当的时候可以与比自己的报价低的产品相比较，可以从以下几方面考虑：

①客户的使用情况（当然你必须对你的和你对手的客户使用情况非常了解；

②列举一些自己和竞争对手在为取得同一个项目工程，并同时展示产品和价格时，客户的反映情况（当然，这些情况全都是对我们有利的）。

（3）列举一些公司的产品在参加各种各样的会议或博览会时专

家、学者或有威望的人员对我们的产品的高度专业评语。

（4）列举一些公司产品获得的荣誉证书或奖杯等。

用小的认同促成交易

> 销售心理学一点通：在行销中，无论是从事何种交易，表达出你的认同心理，都将有助于交易的顺利进行。

表达认同心理和赞美一样，是沟通中的"润滑剂"，而这一点也是销售人员说得最少的。

一位销售方面的专家经常会问他的学员："如果你的一个朋友来你们家串门，向你倾诉，说他的小孩子不听话，天天爬上爬下的，这不，又从楼上摔下来了，摔得脸都青了。这时，你会向你的朋友说什么？"

他大部分的学生都会说："现在的小孩子都是这样的。"这就是表达认同理心。

再如，如果你是某电信运营商的销售人员，客户在电话中说："我的手机丢了。"这时，你在电话中首先不是问那些原来已经设计好的问题，而是先关注客户："啊，手机丢了，确实应该立即办理停机。"这样，客户才会真正感觉被关注。

在销售中，销售人员用小的认同就能让客户感觉到你足够的真诚，并且最终促进交易成功。

"您是宋经理吗？我是A公司梦里水乡房产销售处的小王，上次您来看过楼盘，说要先想想，您现在考虑得怎样了？"（这句话，我们采用的是开放性问题法，让顾客说出自己的顾虑或愿望，然后有针对性地给予解决。）

"我们家商量了，考虑到有个3岁的孩子，很成问题。"

"关于小孩托幼的事对吗？"

"对，是的。"

"宋经理，您看，梦里水乡在城北10公里处，不说小区内的各种配套社区服务，就是附近现有的6所幼儿园在设施及管理上都是一流的，您完全不用担心，只要是在本区内的住户，各幼儿园都有优惠政策。并且，不在本小区内上学的孩子，他们也有专车接送。"

"对，不过，小姐，这房子太贵了。"

"是的，但要找到这样适合的户型也不容易，而且银行将为您提供抵押贷款，您只要首付30%，就可迁入新家了，余下的70%，可分10年付清贷款，抵押利息为0.8%。宋经理，您和太太是下周一早上9点还是下午3点来看您的新家？"

"这，就在早上吧。"

"好的，宋经理，请您带上签约金一万元，下周一早9点我在售楼处门口等您。"

"好的，再见！"

"再见！"

这位售楼小姐就是利用了认同心理，促使她取得了这笔交易。在行销中，无论是从事何种交易，表达出你的认同心理，都将有助于交易的顺利进行。

化解顾客心里的疙瘩

> 销售心理学一点通：作为一名销售员，我们不能机械地和顾客说价格，应该给顾客做出比较，让顾客觉得花的钱物有所值。

一位顾客本来打算购买一款70元的衣服，试了几款后对产品性能不太满意，销售人员A推荐了一款120元的衣服。

顾客一边试听，一边不停地抱怨道："这衣服是真不错。面料好，样子也新。就是价格比预估的高了很多。而且那个70元一件的我们三姐们都看好了，我要一下买三件呢，这样一下高了这么多钱，估计大家都接受不了啊。"

这时销售员微笑着说："您说得不错，每件多花了50元的确不算小数目。但是您想想看，这件衣服好，不是穿一个季节就不穿了，而且这个样子也很时尚，您和您姐妹能穿好长时间呢。如果买了不喜欢的衣服，即使再便宜，穿一天就压箱子不愿意再穿了，那才叫浪费呢。"

那位顾客想起自己曾经在批发市场购买的那几件一二十元的衣服穿了一次就没好意思再穿的教训，最终还是买下了那件120元的衣服。

买东西的时候，不少人会因为价格的原因放弃购买。这个时候，我们销售员该用什么方法去化解客户心里的疙瘩呢？这个方法就是对比，有对比才有鉴别，有对比才有区别，我们可以利用对比来突出商品的性价比，让他们觉得买你的商品划得来。

比如故事场景中的销售员,当顾客嫌衣服贵的时候,他先是实事求是地肯定顾客的话,同意顾客的意见,这在无形中就让顾客有愉悦感,同时也会觉得销售员比较实诚和靠谱。之后,销售员立即就转变了方法,用对比的方式让顾客觉得与其买便宜的穿不出去也是浪费,还不如买一件自己更喜欢、更上档次的衣服。

从中我们可以看出,作为一名销售员,我们不能机械地和顾客说价格,应该给顾客做出比较,让顾客觉得花的钱物有所值。

一般情况下,销售员推荐的新产品大都会比顾客原来的预算多一些,因此只要你推荐的是新产品,所有的顾客都会说价格太高了。其实这是顾客不了解产品的表现,生怕自己多付钱,更担心你是奸商。哪怕真实市场下这个新产品价格已经很低。但是此时销售人员若在一旁催促成交或者是说自己价格绝对很低,都不具有说服力。这些方法不但不能消除顾客的价格疑虑,还会引起顾客的逆反心理。不可否认,一般情况下,你必须给顾客适当的优惠,他才会接受新产品。而且假若顾客一下买了三件,你可以给个轻微的折扣,也不吃亏。

另外,在做产品推销和销售时,销售员要对自己的产品有充分了解,面对顾客要充满自信,根据顾客的不同心理和需求以及预算选择合适产品,这样方可打消顾客疑虑。

当顾客对销售推荐的商品有价格异议的时候,销售员可以参考以下几种办法:

(1)显示出你高尚的职业道德,而非为了提成而只推荐贵的产品,让顾客意识到你是站在他的角度为他推荐了最适合他的商品。

(2)以退为进,曲折处理:讨价还价,人之常情。当顾客以新产品的某一项缺陷为由来迫使你降价的时候,你可以先肯定顾客的意见,然后借机表达不同的看法,博得顾客的理解。

(3)先紧后松法:面对顾客死缠烂打的降价要求,销售人员必须以平和的态度说明不降价的理由,并表现出很有苦衷的样子,经过几番讨价还价,根据顾客的态度来改变降价策略,毕竟,所有前面努力所期望结果的都是希望能顺利成交,所以在容许的情况下,要尽量为顺利成交服务,提高成交效率。

在顾客迷茫时进行安抚

> 销售心理学一点通:在顾客迷茫时进行安抚,是最容易被顾客接受的策略。

在了解事情的后果和恶果时客户会后怕,正在客户六神无主的时候,给顾客一些针对性意见,并安抚客户,从而对客户的需求进行积极的暗示。这是销售学中客户很容易接受的一个策略。我们来看看刘娜是怎么应用这个方法的:

刘娜:"你好,你们是宏图模具有限公司吗?你们的网站好像反应很慢,谁是网络管理员,请帮我接电话。"

邓洁:"我们网站很慢吗?好像速度还可以呀。"

刘娜:"你们使用的是内部局域网吗?"

邓洁:"是呀!"

刘娜:"所以,肯定会比在外面访问要快,但是,我们现在要等5分钟,第一页还没有完全显示出来,你们有网管吗?"

邓洁:"你等一下,我给你转过去。"

刘娜:"你等一下,请问,网管怎么称呼。"

邓洁:"有两个呢,我也不知道谁在,一个是小张,一个是张勇。我给你转过去是吧。"

刘娜:"谢谢!"(等待)

张勇:"你好!你找谁?"

刘娜:"我是戴尔服务器客户顾问,我刚才访问你们的网站,想了解一下有关机床模具的情况,你看都10分钟了,怎么网页还没有显示全呢?你是?"

张勇:"我是张勇,不会吧?我这里看还可以呀!"

刘娜:"你们使用的是局域的内部网吗?如果是,你是无法发现这个问题的,如果可以用拨号上网的话,你就可以发现了。"

张勇:"你怎么称呼?你是要购买我们的机床模具吗?"

刘娜:"我是戴尔服务器客户顾问,我叫刘娜。我平时也在用你们的机床模具,今天想看一下网站的一些产品技术指标,结果发现你们的网站怎么这么慢。是不是有病毒了?"

张勇:"不会呀!我们有防毒软件的。"

刘娜:"以前有过同样的情况发生吗?"

张勇:"好像没有,不过我是新来的,我们主要网管是小张,他今天不在。"

刘娜:"没有关系,你们网站是托管在哪里的?"

张勇:"好像是立民路电信网络中心。"

刘娜:"哦,用的是什么服务器?"

张勇:"我也不知道!"

刘娜:"没有关系,我在这里登陆看似乎是服务器响应越来越慢了,有可能是该升级服务器了。不过,没有关系,小张何时来?"

张勇:"他明天才来呢,不过我们上周的确是讨论过要更换服务器了,因为企业考虑利用网络来管理全国700多个经销商了!"

刘娜:"太好了,我看,我还是过来一次吧,也有机会了解一下我用的机床模具的情况,另外,咱们也可以聊聊有关网络服务器的事情。"

张勇:"那,你明天就过来吧,小张肯定来,而且不会有什么事情,我们网管现在没有什么具体的事情。"

刘娜:"好,说好了,明天见!"

在这个故事场景中,刘娜首先提示客户的服务器的响应缓慢的问题;其次采用了唤醒客户的策略,即明确指向服务器响应缓慢的可能,并安抚客户,暗示客户其实找到了行家里手,不用担心,一来我领略一下你们的产品(机床模具),二来聊聊有关网络服务器的事情,并获得张勇的支持。

也许客户很多时候都没有意识到购买产品有什么必要性,可是当我们或一针见血或循循善诱说出客户不买的后果时,客户可能会陷入一种迷茫状态中来,这时候我们销售员趁机再告诉他避免这种后果的唯一办法就是购买我们的产品,客户在恍惚中就很容易采取购买行动。这个策略很值得推敲,我们的销售员要在现实销售中琢磨着灵活运用。

善于捕捉客户的购买信号

> 销售心理学一点通：在沟通中，准确地把握时机是相当重要的。如果客户没有发出购买信号，说明你的工作还没做到位，还应该进一步刺激而不宜过早地提出交易。

所谓购买信号，是指客户在你沟通过程中所表现出来的各种成交意向。有利的成交机会，往往稍纵即逝，虽然短暂，但并非无迹可寻。客户有了购买欲望时往往会发出一些购买信号，有时这种信号是下意识地发出的，客户自己也许并没有强烈地感觉到或不愿意承认自己已经被你说服，但他的语言或行为会告诉你可以和他做买卖了。

在沟通中，当客户有心购买时，我们从他的语言中就可以得到判定。

下面的例子是销售员小张向客户推荐整体解决方案时的一个案例，我们来看一下小张是怎样在语言中捕捉到客户购买信号的：

客户：好极了，看起来正是我们想要的整体解决方案。
小张：这套方案的确非常适合你们。
客户：如果一旦发生了问题，你们真的会随时上门维修吗？
小张：当然，只要打一个电话。
客户：以前我们总是担心着供应商的服务，但现在我放心了。
小张：我们的服务堪称一流，拥有行业内最大的售后服务队伍。
客户：这个我也知道了，而且价格也很合理。

小张：你放心吧，我们已经给出了最低的价格，还是找总经理特批的呢！

客户：（沉默了一会儿）我们能签合同吗？

小张：（松了一口气）太好了，我早准备好了。

从这个案例中我们可以看到，客户通过自己的语言向小张发出了购买信号，明确表明了自己对这个方案的兴趣和认同，同时，小张也把握住了时机，适时与此客户签订合同，获得了成功。那么客户会怎样向我们传达他们的购买信号呢？下面为大家列举了客户会发出购买信号的情况：

当客户对某一点表现出浓厚的兴趣时，客户发出的购买信号为："能谈谈你们的产品是怎样降低成本的吗？""你们的产品优势在哪里？""能重新说一下吗？我再认真思考一下。"

当客户很关心产品或服务的细节时，客户发出的购买信号为："这个产品的价格是多少？有折扣吗？""产品的质量怎么样？""你们产品的保修期是多久？多长时间可以包换？""什么时候能交货？""如果我认为不满意，那怎么办呢？""不知道能否达到我的要求？""让我仔细考虑一下吧！""你们以前都服务过哪些公司呢？""有没有礼品赠送呢？"

当客户不断认同你的看法时，客户发出的购买信号为："对，你说得不错，我们的确需要这方面的改善。""对，我同意你的观点。""我也这么想。""听我们××分公司的经理说，你们的课程确实不错。"

当客户保持沉默时。有时，当你和对方沟通了几次后，关于产品或服务的很多细节都探讨过了。这时,你可以提一些问题,如:"您还有哪些方面不太清楚呢?""关于我们公司的专业能力方面您还有什么不放心的地方吗?"如果这时客户保持沉默,没有直接回答你的问题,这其实也是一个很好的促成机会,你应该果断出手。

在回答或解决客户的一个异议后,客户发出的购买信号为:"你的回答我很满意,但我觉得我还是需要考虑一下。""在这方面我基本上对贵公司有了初步的了解。""哦!原来是这样的,我明白了。"

在沟通中,准确地把握时机是相当重要的。如果客户没有发出购买信号,说明你的工作还没做到位,还应该进一步刺激而不宜过早地提出交易。

达成交易的时机在很大程度上取决于客户的态度。如果客户的态度变化趋向于积极的方面,往往就会发出一些购买信号。我们要善于捕捉客户的购买信号,从而完成销售工作。

准确地把握住成交时机

> 销售心理学一点通:成交时机稍纵即逝,要想获得成交,就必须抓住成交时机。

成交的时机就在你的身边,就看你怎么把握它。在沟通中,当你能准时地把握住时机,就可能获得巨大的利益。我们可以通过下面的方式来捕捉与客户成交的时机。

1. 惜失心理刺激

利用对方惜失的心理;利用对方怕过时的心理。告诉对方"货已不多了",用"真是太可惜了""很遗憾"等语句来加剧对方的惜失心理。

2. 观察力

锻炼你敏锐的观察力可以帮助你捕捉时机。在业余时间里做一些智力测试，做完后要多思考。在打电话的时候，要灵活些。

3. 激发客户的购买欲望

虽然客户尚未开口表决，却已在无形中透露了内心的机密。这时营销员要注意捕捉客户的需求，并用敦促的方法与客户达成交易。关于这一点，在前面已经介绍过，在这里就不再赘述。

4. 创造环境

营销人员在向客户推销产品时，将个人情感引入其中，这往往会使你占据上风。在交谈中引入个人情感，几乎可以在任何问题上帮你获胜。

总之，要使与客户的沟通成功而有效，我们就要学会善于在沟通过程中捕捉成交的良机。

第三章

成交之后还有生意

——培养长期忠诚度的心理满足感

别忘记打售后跟踪电话

销售心理学一点通：交易结束后，我们最主要的工作是发展同老客户的友谊。

一位客户几年前刚买了套新房子，虽然他非常中意这房子，但由于它的售价很高，交易完成后，这位客户一直在为自己这笔买卖做得是否值得而心存焦虑。当他搬进新居后，大约过了两个星期，销售这套房子的销售员就打来了电话。

销售员："嗨，彼得先生，我是杰克。恭喜您住进了新居。"

客户："杰克，谢谢。"

销售员："彼得先生，真佩服您的慧眼独具，挑中了这么一套好房子。"

客户："你客气了，我感觉这套房子买得有点贵了。"

推销员："彼得先生，怪我没跟您说清楚，这套房子确实是物超所值。您是不是感觉到这里的治安特别好,周围的环境也特别清静?对您这样需要休养的人士来说,是最合适不过的了。"

客户:"我已经感觉到了这一点,周围的环境是挺不错。"

推销员:"附近几家房屋的买主多是地方上赫赫有名的人士,他们都需要好的休息环境,所以也选择了这里。"

客户:"你是说,我的邻居们都是一些当地有名的人士!"

推销员:"是这样的,彼得先生,要不怎么说您独具慧眼呢!"

客户:"杰克,这可也有你一部分功劳呀。对了,我有一位朋友对这附近的一幢房子感兴趣,你去跟他联系一下吧!"

推销员:"太谢谢了,有您这样的老朋友真是我的荣幸。"

案例中的客户正在为买价是否过高而心存焦虑时,销售员打来电话向客户道贺,赞赏他慧眼独具,挑中了这个好房子,还聊到这附近的良好的治安和环境,指出附近几家房屋的买主多是地方上赫赫有名的人士,使客户不禁引以为豪,认为自己买对了,最后还推荐了自己的朋友。

一般来说,新客户对于他们刚买下的商品有两种态度,一是庆幸自己买对了,二是后悔自己买错了。如果是第一种态度并且商品使用起来的确很方便,他们更会赞不绝口,乐于向他们的亲朋好友推荐。而如果是第二种态度并且商品使用起来很不方便,则他们会将抱怨向四周扩散,影响其他人的购买。因此,销售人员每隔一周左右应打电话关切地询问客户使用产品的情况和他们的具体看法,若有任何不清楚的地方,销售员一定要提供周全的咨询服务。这样一来,这些客户将会得到满意的处理结果,通过他们,你就可以开发出更多的潜在客户。

所以，交易结束后，我们最主要的工作是发展同老客户的友谊。具体工作是，我们要为完成交易的客户建立档案，并进行跟踪服务和展开人情攻势，不仅使之继续购买我们的产品，还要使之作为我们的朋友为我们推荐新客户。因此，我们一定要注意发展与老客户的友谊。

经常与客户电话联系

销售心理学一点通：推销员绝不能忽视现有的客户，要明白最好的潜在客户就是目前的客户。

有这样一个故事：

一天怀特先生突然想算算买过多少辆汽车。结果是12辆，这让怀特先生大吃一惊。这些汽车分别是由12个推销员卖给他的。让怀特奇怪的是，这12个人中没有1个人再和他联系过，他们在卖车时都大献殷勤，可把车钱拿到手后，就像变成空气消失了一样。

这是否有点不正常？怀特先生向周围的人问过，他们大多数也有这样的感觉。

在销售中，这个问题是最常被销售人员所忽视的。他们老是犯同样的一个错误：总以为把产品卖出去拿到钱后就万事大吉了，至于是否和客户联系就不管了。

殊不知，商业界中普遍存在着一个八二法则。这个法则用在客户身上，就是80％的业绩是借助于20％的客户，20％的业绩来自于80％的客户。而这又可以理解为80％的业绩来自于老客户的重复购买和推介，20％的业绩来自于自己新开发的客户。无论你从事哪种行业，你只要能够找到完成你80％业务量的20％的客户，你就成功了。这就是为什么有的推销高手总是那么轻松的原因，他们每天的工作就是利用电话联系联系老客户。

由此可见，老客户对于销售人员的业务来说是何等重要，因此经常与客户电话联系是非常重要而且是必要的。老客户就像老朋友，对方一听到老朋友的声音就会产生一种很亲切的感觉，所以当销售人员在给老客户打电话时，对方基本上不会拒绝。

销售人员："孟总您好，我是A公司的小舒，您曾经在半年前使用过我们的会员卡预订酒店，今天特意打电话过来感谢您对我们工作的一贯支持。另外，有件事情想麻烦一下孟总，根据我们系统的显示，您最近三个月都没有使用它，我想请问一下，是卡丢失了，还是我们的服务有哪些方面做得不到位？"

孟总："上一次不小心丢了。"

销售人员："哦，是这样呀，那我帮您……"

从事销售工作的人都知道，开发一个新客户花的时间要比维系一个老客户的时间多3倍。权威调查机构的调查结果显示，在正常情况下，客户的流失率将会在30％左右。为了减少客户的流失率，我们要时常采取客户回访方式与客户建立关系，从而激起客户重复购买的欲望。

通常在做客户回访时，销售人员可以采取交叉销售的方法，向客户介绍更多的产品，供客户选择。销售人员在客户回访时要注意以下几点：

在回访时首先要向老客户表示感谢。

咨询老客户使用产品之后的效果。

咨询老客户现在没再次使用产品的原因。

如在上次的交易中有不愉快的地方，一定要道歉。

请老客户提一些建议。

销售人员："朱先生，我是Ａ产品公司的小张啊，最近可好？"

客户："最近心情不太好。"

销售人员："朱先生，怎么回事？嗯，看看我今天可不可以让您心情好一些。我今天之所以给您打电话，是因为我们营业部最近推出老客户投资技巧服务，很多老客户都反映不错，我也想了解一下您是否有需要我为您服务的地方？"

虽然所有的推销员最感兴趣的都是发展新客户，但你绝不能忽视现有的客户，要明白最好的潜在客户就是目前的客户。如果你一直坚持这种想法，就一定会与客户建立起长期而友好的关系。

从现在开始，你应该对老客户有一个新的认识，你需要经常与老客户电话联系，密切关注竞争对手的行为。如竞争对手正以什么方法和你的客户接触？客户的需求是否需要调整？是否还有其他的业务机会？

竭力让顾客无后顾之忧

销售心理学一点通：良好的售后服务是我们卖出产品的最后一步，也是我们与客户开展下一次合作的关键一步。

一日，小欣去超市买服装，买回来后发现衣服上面有股油漆的味道，无论怎么清洗都无法消除。无奈之下，只得去退货。结果超市的销售员说得理直气壮，按规定不能退，只能换。而且由于衣服已经洗过了，所以只能换一件价格更便宜的。听服务员这么一说，小欣非常生气，同她争执很久，没想到服务员干脆不再理睬小欣。一怒之下，小欣找到值班经理，将整个过程向值班经理描述了一遍，并严正声明，如果得不到良好的处理，将会向消费者协会投诉。幸好，这位值班经理还算通情达理，提议让小欣重新换一件价格相同的服装，但是不可能退货。无奈之下，小欣也只好换了一件。虽然，衣服没问题了，但是小欣心里却极其不舒服。

在销售中，通常消费者对商品掌握的信息不太完全，而销售者掌握的信息相对完全。为了打消消费者的疑虑，销售员通常会做出"包退包换"的承诺。这样一来，消费者才能放心购买。但小欣购物的超市明知自己的商品存在问题（有油漆味）却还向消费者出售，这种欺骗消费者的行为，最终只会破坏了超市的信誉。

即使商家给小欣提供了退换货的服务，消费者的利益还是蒙受了损害。其实，与小欣类似的经历应该不少。消费者在购买的过程中，难免会碰到对已卖物品质量、外观等方面不满意，而发生想要退货的情况。因而我们在商品销售的过程中,并不是将商品售出就完成了对一件商品的销售,提供相应的售后服务为消费者提供必要的售后保障成为了决定销售成败的重要环节。

在竞争激烈的卖场上,很多商家已经将"三包""五包"项目纳入自己的服务环节。我们都知道,为消费者提供退换货表面上会给销售方带来一定的损失,实际上这却是将消费者损失降至最小的有效策略。而任何帮助消费者降低损失的举动,对于卖家而言都意味着收益而不是损失。波音公司便是懂得通过完善的售后服务来经营的典范。

达美航空公司曾经在波音公司购买了4架波音747,但之后这几架波音747不仅没有给达美带来滚滚的财源,还让其背上了沉重的包袱。达美的老总找到波音公司一通诉苦,同时抱怨性地提了一句"要是能退货就好了"。没想到,波音居然同意退货!这令达美老总非常震惊,起初还以为是在开玩笑,后来,达美真的把4架飞机退回了波音。

这就是波音的智慧,波音明白,客户的利益就是自己的利益,波音是把眼前利益和长远利益紧密地结合在一起的。

达美航空在退回飞机后也明确地认识到了波音公司的信誉,到1990年底,达美航空与波音的业务往来越来越频繁,最后成为波音忠实的客户。

良好的售后服务是我们卖出产品的最后一步,也是我们与客户开展下一次合作的关键一步。在提供售后服务时,销售员应当注意

服务的以下五个属性:

1. 情感性

良好的顾客服务措施或体系必须是发自内心的、是诚心诚意的,是心甘情愿的。销售人员在提供顾客服务时,必须真正付出感情,用真情打动顾客,才能让顾客忽略产品为自身带来的损失。

2. 适当性

顾客服务的适当性是指两方面:一方面是顾客服务内容和形式的适当性,即服务内容和方式方法的正当性;另一方面是指顾客服务量与质上的适度性。因为我们提供的任何顾客服务都是有成本的,过高或过低的顾客服务水平都不是明智的行为。

3. 规范性

规范性指的是在向顾客提供服务时,必须尽量为服务人员提供统一、科学、全面、规范、符合情理的服务行为标准。

4. 连续性

顾客服务的连续性是指销售员在提供顾客服务时,必须保持在时间、对象、内容及质量上的连续性。

5. 效率性

效率性主要是指提供顾客服务时的速度与及时性。例如,夏天修空调,同样内容的服务,报修后两小时到和两天到,客户的评价就有天壤之别。

只要很好地贯彻以上五点,销售员便能够为顾客提供良好的售后服务,为消费者提供"无后顾之忧"的消费保障,自然,你的销售也会变得顺利很多。

千万不能怠慢了老顾客

> 销售心理学一点通：老顾客总是担负着公司产品推销的重任，是支撑公司赖以生存的重要力量，推销员要不断地跟他们接触交往，确保交易的继续，千万不能怠慢了老顾客。

营销大师原一平说，推销员都知道确保老顾客非常重要，但在实际行动上往往草率从事，马马虎虎，怠慢老顾客。这样做的后果是很可怕的。

要当心竞争对手正窥视你的老顾客。同行的竞争对手正在对你已经获得的客户虎视眈眈。你对老用户在服务方面的怠慢可使竞争对手有可乘之机，如不迅速采取措施，用不了多长时间你就要陷入危机之中。

要采取必要的防卫措施。已经得到的市场一旦被竞争对手夺走，要想再夺回来可就不那么容易了。老顾客与你断绝关系大半是因为你伤了对方的感情。一旦如此，要想重修旧好，要比开始时困难得多。因此，推销员要一丝不苟地对竞争对手采取防卫措施，千万不要掉以轻心。

如果竞争对手利用你对老顾客的怠慢，以相当便宜的价格向老顾客供货，但尚未公开这么做时，你马上采取措施还来得及。你要将上述情况直接向上司汇报，研究包括降价在内的相关对策。必须在竞争对手尚未公开取而代之前把对手挤走。

当老顾客正式提出与你终止交易时，往往是竞争对手已比较牢固地取代本公司之后的事情了，要想挽回已为时过晚，想立即修好恢复以往的伙伴关系更是相当困难了。这个时候销售员如果恼羞成怒和对方大吵大闹，或哭丧着脸低声下气地哀求都是下策。聪明的办法是坦率地老老实实地承认自己的错，并肯定竞争对手的一些长处，同时心平气和地请求对方继续保持交易关系。在这种情况下，即使对方态度冷淡不加理睬也要耐心地说服对方，使对方感到你的诚意。

记录与客户的交流信息

> 销售心理学一点通：有了完善的记录，才能有的放矢进行准备，更好地为行销服务。

对于推销员来说，一个订单的签订通常都要和客户经过一段时间的接触与交流。在这个过程中，推销员为了促成交易，必须尽可能多地搜集有关客户的信息，同时也需要及时把握客户的购买意向。因此，在推销过程中一定要做好每天的访问记录，一方面记录在交流中掌握的客户信息，一方面记录那些已经有购买意向的客户的条件或需求。这样在再次拜访客户的时候，既可以有针对性地"谈判"，又可以避免出现前后不一的情况。

艾伦一直在向一位客户推销一台压板机，并希望对方订货。然而客户却无动于衷。他接二连三地向客户介绍了机器的各种优点。同时，他还向客户提出到目前为止，交货期一直定为6个月，从明年一月份起，交货期将设为12个月。客户告诉艾伦，他自己不能马上做决定，并告诉艾伦，下月再来见他。到了一月份，艾伦又去拜访他的客户，他把过去曾提过的交货期忘得一干二净。当客户再次向他询问交货期限时，他仍说是6个月。

艾伦在交货期问题上颠三倒四。忽然，艾伦想起他在一本推销书上看到的一条妙计：在背水一战的情况下，应在推销的最后阶段向客户提供最优惠的价格条件。因为只有这样才能促成交易。于是，他向客户建议，只要马上订货，可以降价10%。而上次磋商时，他说过削价的最大限度为5%，客户听他现在又这么说，一气之下终止了洽谈。

如果艾伦在第一次拜访后有很好的访问记录；如果他不是在交货期和削价等问题上颠三倒四；如果他能在第二次拜访之前，想一下上次拜访的经过，做好准备，第二次的洽谈很可能就会成功了。由此可见，做记录是多么的必要。

齐藤竹之助的口袋里总装有几样法宝——记录用纸和笔记本。在打电话、进行拜访以及听演讲或是读书时，都可以用得上。打电话时，顺手把对方的话记录下来；拜访时，在纸上写出具体例子和数字转交给客户；在听演讲或读书时，可以把要点和感兴趣之处记下来。

乔·吉拉德认为，推销人员应该像一台机器，具有录音机和电脑的功能，在和客户交往过程中，将客户所说的有用情况都记录下来，从中把握一些有用的东西。所以他总是随身带着一个本子，及时记录各种客户信息。

客户访问记录不仅包括与客户交流过程中的重要信息，如交货时间、货物价格、优惠幅度等，还应该包括客户特别感兴趣的问题及客户提出的反对意见。有了这些记录,才能有的放矢地进行准备,更好地进行以后的拜访工作。

此外,推销员还应该把有用的数据和灵光一现的想法及时记录下来,同时对自己工作中的优点与不足也应该详细地记录下来。长期积累你就会发现这些记录是一笔宝贵的财富。

用持续沟通实现二次销售

销售心理学一点通:专业推销员的工作始于他们听到异议或"不"之后,但优秀的推销员真正的工作则开始于他们听到客户说"可以"之后。

千万不要销售成功就立刻走人,要为下次销售埋下种子。比如一个优秀的推销员会适时地询问老客户是否还有其他的需求,以便寻求下一次合作的机会。老客户需要新的产品时,如果推销员及时地把最新产品信息反馈给老客户就很容易实现二次销售。

并且一定要让客户感受到,你非常珍视与他们的交易。要让他们明白,你对他们的决定深信不疑,一旦有机会,你还会给予他们帮助。

李东自己经营一家电脑公司,他同时负责公司的电脑销售,而且在这方面做得非常好。他说:"一旦新电脑出了什么问题,客户打电话来要求维修,我会马上带着负责维修的工作人员前去维修,并会设法安抚客户,让他不要生气。我会告诉他,我们的人一定会把维修工作做好,他一定会觉得特别的满意,这也是我的工作。没有成功的售后服务，便不会有再次交易。如果客户仍觉得存在严重的问题，我的责任就是要和客户站在一边，确保他的电脑能够正常运行。我会帮助客户争取进一步的维护和修理，我会同他共同战斗，一起与电脑维修人员沟通，一起应付电脑供货商和制造商。无论何时何地，我总是要和我的客户站在一起，与他们同呼吸、共命运。"

李东将维护与客户的长期关系当作是长期的投资，绝不会卖一台电脑后即置客户于不顾。他本着来日方长、后会有期的态度，希望他日客户为他介绍亲朋好友来买电脑，或客户的子女长大成人后，继续将电脑卖给其子女。电脑卖出之后，他总希望让客户感到买到了一台好电脑。客户的亲戚朋友想买电脑时，自然首先便会考虑找他，这就是他的最终目标。

电脑卖给客户后，若客户没有任何联系的话，他就试着不断地与那位客户接触。打电话给老客户时，他开门见山便问："你以前买的电脑情况如何？"通常白天电话打到客户家里时，接电话的多半是客户家的保姆，她一般会回答："电脑情况很好。"他再问："有什么问题没有？"顺便向对方示意，在保修期内该将电脑仔细检查一遍，并让她提醒雇主在这期间送到厂里检修是免费的。

他也常常对客户家的保姆说："假使你需要装什么软件或程序的话，请打电话过来，我们会马上过去免费安装，并免费给你提供技术指导，请你及时提醒你的雇主。"

李东说："我不希望只销售给他这一台电脑，我特别珍惜我的客户，我希望他以后所买的每一台电脑都是从我这里销售出去的。"

把新的资料和信息及时反馈给老客户，询问老客户的特殊需求，这样第二笔生意就有了成交的可能，同时也为第二次交易设置了一个良好的开端。

我们要懂得维护与客户的关系，并和他们保持密切的联系，不要因为这样那样的原因，最终失掉一些老客户。

善于为再次拜访找理由

> 销售心理学一点通：再访的理由有许多种，我们可根据客户的个人情况采用具体可行的方法。但理由一定要充分且合理。

许多销售人员为了追求业绩的增长，会锁定几个自己认为比较有可能成交的准客户，运用各种方法去接近他们，了解客户基本的资料、对产品的需求，据此整理出本产品的特色和优点，以激发客户购买的意愿，达到销售的目的。

在交易过程的四个阶段（接近、说明、缔结、服务）里，接近客户是达到目标的基础工作。然而，许多销售人员在初访客户没有销售成功后，却没有持续再访的动作，以引起客户购买的欲望。一旦时间拖得太久，客户的需求意念降低，即使产品优良，要想得到客户的认同也不容易。所以再访技巧是第二阶段任务中最重要的事。

想要更有效率地达到销售的目的，客户再访的技巧就非得好好研究一下不可，以下有一些不同的再访技巧，若能好好加以运用，相信一定可以增加许多再访的机会，从而提高销售业绩。

1. 运用客户问卷调查表

设计几份不同的问卷调查表，请客户填写，问卷的内容主要是：

了解客户对于销售产品的接受程度与观念,或是对于产品喜好的程度与方式。这种客户问卷调查的方式不仅能让我们再次拜访客户,同时也能了解客户的意愿,而客户也很高兴能将自己的意见陈述给我们。他们一旦感受到被重视的愉快感觉,就容易配合我们的工作。

2. 利用信函资料

许多销售人员以为将有关产品的宣传资料或广告信函留给客户就万事大吉了,而忽视了更为重要的下一步,即"跟进销售",因此往往收效甚微。许多客户在收到销售人员的信函资料之后,可能会把它冷落一旁,或者干脆扔进废纸堆里。这时,如果销售人员及时拜访客户,就可以起到应有的销售作用。

比如,有这样一个销售人员:"华科长,您好!上星期我给了您一份美菱电冰箱的广告宣传资料,看了以后,您对这一产品有什么意见?"一般来说,对方听到销售人员这样问话,或多或少会有一番自己的建议与看法。若客户有意购买,自然会有所表露,销售目标也就实现了。

3. 利用名片

(1)作为下次拜访的借口,初访时不留名片。一般的销售人员总是流于形式,在见面时马上递出名片给客户,这是比较正统的销售方式。偶尔也可以试试反其道而行的方法,不给名片,反而有令人意想不到的结果。

(2)故意忘记向客户索取名片。因为客户通常不想把名片给不认识的销售人员,所以会借名片已经用完了,或是还没有印好为理由而不给名片。此时不需强求,反而可以顺水推舟故意忘记这档事,并将客户这种排斥现象当作是客户给你一个再访的理由。当下次打电话预约时就可以顺便说:"周总,您现在有名片方便留一张吗?"

(3)印制两种以上不同式样或是不同职称的名片。如果有不同的名片,就可以借由更换名片或升职再度登门造访。

4. 送上一份小礼物

单独为客户奉上一份小礼物,可选实用、精美的,且富有意义的小礼品,相信客户一般不会拒绝。此外,给客户提供市场突然公布信息的第一手资料,给客户提供相关行业的资料作为参考,采取优待办法激发客户购买,等等。

再访的理由有许多种,我们可根据客户的个人情况采用具体可行的方法。但理由一定要充分且合理。

防止大客户流失的方法

> 销售心理学一点通:客户的需求不能得到切实有效的满足往往是导致客户流失的最关键因素。要想留住大客户,就必须在如何满足其需求上下功夫。

企业与企业之间争夺大客户是一场事关企业发展的关键。客户的流动是正常的,但如果损失了大客户我们都没有预防的策略,那企业肯定会遭受重创。

一些高层管理人员经常诧异地说:"不久前与客户的关系还好好的,一会儿'风向'就变了,真不明白这是为什么。"很多企业,甚至大型企业,在面对客户流失危机的时候也束手无策,只能无奈地发出"告诉我你为什么要离去"这样的感慨。

根据某营销咨询机构研究中心针对大客户的一次调查结果显示,

91%以上接受调查的大客户认为可以长期合作的供应商应该具备四个最基本的条件：第一，有良好的产品质量；第二，要有满意的服务质量；第三，交货及时、足量（包括紧急需要时），物流顺畅；第四，产品或服务的让渡价值等于或高于竞争对手，即产品或服务的附加值不能低于竞争对手。

当我们的工作在上面任何一个环节中出现纰漏时，大客户都有可能流失。

客户流失已成为很多企业所面临的危机，他们大多也都知道失去一个老客户会带来巨大损失，也许需要再开发十个新客户才能予以弥补。但当问及客户为什么流失时，很多销售人员一脸迷茫，谈到如何防范，更是不知所措。

客户的需求不能得到切实有效的满足往往是导致客户流失的最关键因素。一般情况下，企业应从以下几个方面入手来防范客户流失：与客户合作的过程很多属于短期行为，这就需要对其客户阐述长期合作的好处，对其短期行为进行成本分析，指出其短期行为不仅给企业带来很多的不利，而且还给客户本身带来了资源和成本的浪费。企业应该向老客户充分阐述自己企业的美好远景，使老客户认识到自己只有跟随企业才能够获得长期的利益，这样才能使客户与企业同甘苦、共患难，不会被短期的高额利润所迷惑，而投奔竞争对手。

通过对目前的大客户流失原因的调查，我们可以从以下几个方面进行预防：

1. 加强与大客户的深度沟通

有助于维护与大客户的关系长久，并能够及时了解大客户的需求变化。

2. 经常进行客户满意度调查

只有充分了解了客户对我们的期望与建议,我们才能将工作做得更好。

3. 平日的问候与回访

不能小看一些不起眼的小礼品与小恩惠,那些常常能使客户感受到关怀的温暖。

4. 对市场反应及时迅速

企业应及时提供客户订购的产品或服务,及时掌握产品在市场上的反馈信息,并能迅速处理关于产品的异议和抱怨。

学会恰当地收场与道别

> 销售心理学一点通:在与客户道别时,要求推销人员面对客户,在态度上有诚恳的表示,在言辞上有得体的话语,在行为上有礼貌的举止。

在销售活动中,双方交易结束后,推销员是马上离开还是聊些无关紧要的话题,这是一个很重要的问题,需要销售人员认真对待。销售人员要适时恰当地收场,向客户友好道别。本次交易的收场是否适当,也许决定着是否会有下一次成交的机会。

夏宁是一家房产公司的优秀推销员,由于其工作经验丰富,经理总是让他对公司新人进行培训指导。而他每一次在给新员工培训都会讲述自己初入业的一件事:

那是我进入公司的不久,由于工作主动热情,很快就拥有了自己的客户,可是业绩并不理想。眼看着月底就到了,而自己还没有做成一笔交易,我很着急。也就在这个时候,我一直在联系的一个客户决定转换房产,于是我耐心地带他看了几处后,终于他确定了自己认为合适的房子。

接下来就顺利地行签订了买卖协议,可是当双方放下笔后,我却不知道此时应该怎么办?呆呆地坐,不敢先离开也不知道应该说什么?就这样,过了一会,还是那位客户对我说"小伙子,你现在可以离开了。"我才站起身与客户握手道别。

推销员可能都会遇到夏宁这种情况,尴尬局面的形成是因为他当初不懂如何与客户道别,每个销售人员都应该明白收场后要和客户友好道别。

销售人员应当认识到,完美的道别能为下一次接近奠定基础,创造条件。买卖双方的分手,只是做好善后工作的开始。销售结束时,销售人员要有恰当的收场。既不能感激涕零令客户倒尽胃口,让客户生厌;也不能让客户觉得你太冷淡。在与客户道别时,要求推销人员面对客户,在态度上有诚恳的表示,在言辞上有得体的话语,在行为上有礼貌的举止。

因此,成交以后推销人员匆忙离开现场或表露出得意的神情,甚至一反常态,变得冷漠、高傲,都是不可取的。达成交易后,推销人员应用恰当的方式对客户表示感谢,祝贺客户做了一笔好生意,让客户产生一种满足感,对此点到即可。随即就应把话题转向其他,如具体地指导客户如何正确地维护、保养和使用所购的商品,重复交货条件的细节等。

成交确认后，销售人员不仅要表现出友好的一面，而且还应当特别注意离开的时机。推销人员是否应立刻离开需酌情而定，关键在于客户想不想让你留下。有人说，成交后迅速离开，可以避免客户变卦，其实不然，如果销售工作做得扎实，客户确信购买的商品对自己有价值，不想失去这个利益，一般是不会在最后一分钟改变主意的。但若未让客户信服，即使推销人员离开现场，他也会取消订单。

因此，匆忙离开现场往往使客户产生怀疑，尤其是那些犹豫不决、勉强做出购买决定的客户，甚至会懊悔已做出的购买决定，或者变卦，或者履行合同时设置障碍，使交易变得困难重重。但是签约后，只要双方皆大欢喜，心满意足，这种热情、完满、融洽的气氛是离开的最好时机。

图书在版编目（CIP）数据

销售心理学 / 宿春礼编著. — 北京：中国华侨出版社，2017.12
ISBN 978-7-5113-7278-9

Ⅰ.①销… Ⅱ.①宿… Ⅲ.①销售—商业心理学 Ⅳ.①F713.55

中国版本图书馆CIP数据核字(2017)第309001号

销售心理学

编　　著：宿春礼
出 版 人：刘凤珍
责任编辑：墨　林
封面设计：李艾红
文字编辑：聂尊阳
美术编辑：牛　坤
经　　销：新华书店
开　　本：880mm×1230mm　1/32　印张：8.5　字数：190千字
印　　刷：三河市中晟雅豪印务有限公司
版　　次：2018年1月第1版　2018年1月第1次印刷
书　　号：ISBN 978-7-5113-7278-9
定　　价：32.00元

中国华侨出版社　北京市朝阳区静安里26号通成达大厦3层　邮编：100028
法律顾问：陈鹰律师事务所
发 行 部：（010）88893001　　　传　　真：（010）62707370
网　　址：www.oveaschin.com　　E－m a i l：oveaschin@sina.com

如果发现印装质量问题，影响阅读，请与印刷厂联系调换。